Günter Kollert

Das Ich als Meister der Seele

Erfahrungsseelenkunde für jedermann

Verlag Urachhaus

DER AUTOR

Günter Kollert, geb. 1949 in Nürnberg, erste Kindheit in Lissabon und Angola, Besuch der Rudolf Steiner Schule in Nürnberg, Studium der Deutschen und Russischen Philologie. Seit 1970 Pfarrer der Christengemeinschaft zunächst in São Paulo, seit 1995 in Kassel.
Veröffentlichte u.a. *Der Gesang des Meeres – Die portugiesischen Entdeckungsfahrten als Mythos der Neuzeit* (1997) und *Höher als der Turm von Babel – Ursprung und Zukunft der Sprache* (2000).

ISBN 3-8251-7438-7

Erschienen 2003 im Verlag Urachhaus

Umschlaggestaltung: U. Weismann unter Verwendung eines Bildes von Peter A. Mothes
Druck: WB-Druck, Rieden

INHALT

EINLEITUNG

Während ich dieses Buch schrieb, zeigte sich immer deutlicher, dass es eine Richtung nahm, die in eine Entwicklung der gegenwärtigen Kultur eingebettet ist. Einmal auf ihn aufmerksam geworden, konnte ich diesen Sachverhalt aus Überzeugung bejahen und den Ort erkennen, an dem ich meinen Baustein in das Ganze, das sich bildet, einfügen will.

Nachdem das hinter uns liegende ›Jahrhundert der Psychologie‹ mit einem Jahrzehnt der populären Lebenshilfen endete, wird das neue Jahrhundert offensichtlich mit einem Jahrzehnt der philosophisch orientierten Lebenspraxis und Seelenpflege beginnen. Alte Entwürfe und Prinzipien wie Lebenskunst und Selbsterkenntnis erscheinen in neuem Licht und eröffnen überraschende Ausblicke auf aktuelle Aufgaben und Nöte. Die Philosophie macht so ihre Rechte auf einem Felde geltend, das gestern der Psychotherapie und der ›Esoterik‹ gehörte und morgen schon von Pharmakologie, Gentechnik und Neurologie beherrscht werden könnte.

Angesagt ist die Rückkehr zur verlorenen Zukunft unserer Seelen. Insbesondere gilt es, das eigentliche Trauma des 19. und 20. Jahrhunderts zu überwinden: Den Verlust jenes idealistischen Horizontes, der sich in den Tagen Fichtes und Goethes für eine im besten Wortsinne populäre Seelenkunde aufgetan hatte. Gegenstand der Art von Selbsterkenntnis, um die es damals ging und heute wiederum geht, ist – im Unterschied zum Unbewussten – das Unbemerkte, das Ungedachte, das Ungetane, mit einem Wort: das Unerübte.

Die Doppelgeste von Wiederbesinnung und Aufbruch eignet auch dem vorliegenden Vademekum, oder ›Handbuch zum Umgang der Seele mit sich selbst‹. Es setzt keinerlei Vorbildung voraus; ich rechne allein mit der Bereitschaft des Lesers, sich an der Begegnung mit vergessenen Denkern und verschollenen Einsichten zu begeistern, und über neue, unerwartete Horizonte des Seelenlebens zu staunen. Ausgehend von der »Erfahrungsseelenkunde«, wie Karl Philipp Moritz sie 1782 begründete, versuche ich, dem Leser die Pforte zu einem urbaren Stück Wirklichkeit zu zeigen und ein Werkzeug zum Bestellen des Gartens anzubieten.

Ein alter Spruch, den ich über einem fränkischen Dorfbrunnen in Stein gehauen fand, mag hier als Dank an alle stehen, die mich auf dem Weg der Erfahrungsseelenkunde gefördert haben:

Der Wandrer kam zur Mittagsstund
Zum Wasserquell, der gastlich rauschte.
Er setzte sich und sann und lauschte.
Und wie er sich zum Trinken neigte,
Sah er das eigene Bild zerrinnen –
Vom Grund des Brunnens funkelt rein
Ein niegeseh'ner, wunderklarer Stein.

Unter den Menschen, denen ich so danken will, soll einer besonders erwähnt werden: Im Oktober 2002 verstarb Prof. Wolfgang Blankenburg, Nestor einer um philosophische Aspekte erweiterten Psychiatrie und medizinischen Psychotherapie. Er ließ mich vor Jahrzehnten für die Fragen der Erfahrungsseelenkunde erwachen und half zuletzt durch behutsame, mit Lebensweisheit gesättigte Hinweise, meinem Buch eine Gestalt zu geben, die hoffen lässt, dass es da oder dort heilende Kräfte entfalten kann.

Günter Kollert, Kassel im Februar 2003

WER BIN ICH?
Vorschule der Selbsterkenntnis

> Eine Mauer, seit lang her vergessen,
> Die Türe, und Steine, und Moos,
> Und nebenan der ungebetene Gast,
> Der Habenichts, an der Hüfte die Schlüssel.
>
> Nikolai Gumiljow

1 Ich schaue in mich

Die halbhohe Mauer trennt den Garten vom blauen Himmelsraum; das frühsommerlich üppige Grün, welches in Gras, Kräutern und Bäumen sprießt, zeigt die Handschrift eines kundigen Gärtners. Zwischen den Pflanzen steht ein steinerner Tisch und nahebei ein Brunnenkasten, aus dem, von einer Rinne gefasst, klares Wasser fließt. Daneben menschliche Gestalten: drei Männer und drei Frauen, ein Kind und eine mütterlich-königliche Frau; bei den Männern ein kleiner Drache, der tot auf dem Rücken liegt und ein ebenfalls kleiner Teufel. Nicht zu vergessen die vielen Singvögel auf der Mauer und im Garten selbst – sie kommen wohl aus der blauen Weite jenseits der Mauer her. Die Frische des Grüns und ein Geruch von Erde, der die Blütendüfte durchzieht, lassen fruchtbares Erdreich im Untergrund ahnen. Wir schauen in das ›Frankfurter Paradiesgärtlein‹, wie es ein unbekannter Meister des fünfzehnten Jahrhunderts malte.

Der Garten ist ein Bild der *Seele*. Ich widerstehe fürs Erste der Verlockung, die Einzelheiten des Gemäldes ihren teils tief verborgenen, teils freundlich nahe liegenden symbolischen Sinn aussprechen zu lassen, und sage mir statt dessen: Dies alles ist *in* mir – das klare Wasser, die Gestalten, die da wandeln und sprechen, das lebendige Sprießen, die drei Bäume, der Drache, das Buch, das Saitenspiel und das Kind. Ich selbst bin der Raum, in den das Licht aus der Weite einfällt, den die Frische und das vielfältige Leben des Gartens erfüllt! An den Mauern des Seelengartens beginnt das *Geheimnis*. Über ihnen steht das Wort des Heraklit von Ephesus: »Der Seele Grenzen kannst du im Gehen nicht ausfindig machen, und ob du auch jegliche Straße abschrittest; so tiefen Sinn hat sie.«[1] Und auch das Geheimnis ist ein Teil meines Selbst.

Je öfter ich in den Garten schaue, desto deutlicher wird: Ich schaue nicht allein, das Licht, das ihn erhellt und der Raum, der ihn füllt, kommen zugleich von anderen, die ebenfalls hineinblicken. Dass das Licht von vielen Seiten kommen muss, zeigt schon der Umstand, dass es im Garten keinerlei Schatten gibt. Seit Menschengedenken wird der Garten angeschaut, oft wohl schweigend, weil es der schauenden Seele an Worten oder Gedanken mangelt. Aber wer einmal für das Wunder des Gartens erwacht ist, der findet im Werk der Denker und Dichter aller Zeiten die Zeugnisse dafür, dass auch sie hier zu Hause waren, und oftmals Dinge bemerkten, die dem eigenen Blick entgingen. Wenn auch die Seele des Menschen Eigenstes ist, sie bliebe ihm ewig ein Rätsel, müsste er sie *allein* ergründen. Über Zeiten und Räume hin finden sich daher im Gespräch alle zusammen, die Aufschluss über das Geheimnis der Seele suchen. Gemeinsam dürfen sie hoffen, die Unendlichkeit zu fassen, in welche der kleine Garten reicht. So mündet das Sprechen über die Seele in ein ›Konzil‹ über das Wesen des Menschen.

Mein Entschluss, von jenem Garten und von dem Konzil der freien Geister zu berichten, reifte gemeinsam mit der Liebe zum *Ideal* des inneren Lebens, die ihrerseits der gedanklichen Klärung dieses Ideals folgte. Wer zu ihm findet, der versteht, dass mein Buch keine Anweisungen oder Ratschläge enthält. Da die Form des Berichtes allein von mir stammt, muss ich allerdings erklären, welche Methode des Lesens sie voraussetzt.

Ein Musiklehrer bemerkte einmal: Jeder Mensch kann eigentlich Klavier spielen – es fragt sich nur, in welchem Tempo.

Ob das, was dieser augenzwinkernd vorgetragenen Wahrheit zugrunde liegt, immer zu befriedigendem Kunstgenuss führt, sei dahingestellt. Sicher aber ist, dass Bücher, die vom Garten der Seele handeln, von jedermann zu verstehen sind – wenn sie nur geduldig genug studiert werden. Das Geheimnis eines solchen Studiums ist: Getreulicher Willenseinsatz wird zu gedanklicher Klarheit – was nicht notwendigerweise auch gleich die Überzeugung von dessen Wahrheit bedeuten muss. Dieser Einsatz wird durch das Einhalten eines zeitlichen Gerüstes geleistet.

Um das erste Kennenlernen zu erleichtern, sind die Kapitel zu vier ›Lesewochen‹ zusammengestellt; diese gestatten den Ausgleich zwischen den kürzeren Abschnitten und jenen, die man auf mehrere Tage verteilen möchte. Eine der weiteren Vertiefung dienliche Möglichkeit wäre die, während einer Woche – oder eines Monats – jeweils eines der neun Kapitel durchzunehmen. Die Kürze der einunddreißig Abschnitte soll das mehrmalige Lesen erleichtern; neun von ihnen sind durch ein * weiter unterteilt, sodass sich insgesamt vierzig Sinneinheiten ergeben, die einem noch geruhsameren Studium zugrunde liegen könnten. Der Leser wird sich seinen eigenen Zeitplan zusammenstellen, der je nach Bedarf ein, zwei Monate, vielleicht auch neun Monate oder ein Jahr umspannen kann.

Nichts von den Rätseln und Mühen, die dem Wanderer im Garten der Seele begegnen, kann ihm wirklich fremd sein. Um dieses vielleicht vergessene oder unbeachtete Vertrautsein zu beleben, habe ich im ›Liederbuch der Seele‹ Gedichte gesammelt, die das, was die ›Sprecher des Konzils‹ als Gedanken äußern, in Klang und Bild verwandeln. Es ist hilfreich, solche Verse zum Herzen sprechen zu lassen und dann zu beobachten, wie sie mit dem Gedachten zusammenklingen und Stimmungen wecken, die der prosaischen Form nicht so leicht erreichbar sind und deren Erwachen die philosophischen Beiträge zur Seelenkunde zunächst sogar erschweren mögen. Denn wer käme heute darauf, sich zum Zweck der Selbsterkenntnis ausgerechnet an Philosophen zu wenden, noch dazu an solche, die vielen als Ausbund der Unverständlichkeit gelten? Ich tue dies, weil ich mich davon überzeugt habe, dass diese Scheu unberechtigt ist, vor allem aber, weil es Aufgaben gibt, die auf keinem anderen Wege gelöst werden.

Die Wortlaute der Konzilsbeiträge sind durchweg im *sachlichen* Zusammenhang angeführt. Sollte dabei einmal etwas sichtbar werden, was der jeweilige Sprecher im ursprünglichen Textzusammenhang nicht meinte, so spricht das für die Fruchtbarkeit seiner Gedanken. Die Angaben am Ende des Buches gestatten das Aufsuchen des jeweiligen Textzusammenhanges und verweisen auf die Werke, welche der Ergänzung oder Vertiefung dienen können.

2 Ich bestimme das Maß

Aber: Ist es überhaupt ratsam, mich mit dem eigenen Selbst zu beschäftigen? Mit guten Gründen werden von jeher sowohl verneinende als auch bejahende Antworten auf diese Frage gegeben. – Vor den Gefahren der Selbtbetrachtung warnt offensichtlich die wohlbekannte griechische Sage, die erzählt, wie Narzissus sich in sein eigenes Spiegelbild verliebte und an dieser Leidenschaft zu Grunde ging.[2] Neben dieser auch heute noch beachtenswerten Warnung steht im alten Griechenland die Aufforderung, welche an den Schüler der Weihestätte von Delphi ergeht: »Erkenne dich selbst!« Sie gibt der Wendung zum eigenen Selbst die Weihe hoher geistiger Zielsetzungen. Allerdings ist das delphische »Erkenne dich selbst« mit einer zweiten Aufforderung verknüpft: »Nichts im Übermaß!« Carl Gustav Carus hat auf diese beiden Grundsätze (zusammen mit dem dritten: »Du bist!«) seinen Entwurf der *Lebenskunst nach den Inschriften des Tempels zu Delphi*[3] gebaut. Er vertritt darin ein Ideal der Selbsterkenntnis, welches zugleich dem des Maßhaltens Genüge tut. Dabei beruft er sich auf einen Sinnspruch Goethes:

»Nehmen wir sodann das bedeutende Wort vor: Erkenne dich selbst, so müssen wir es nicht im aszetischen Sinne auslegen. Es ist keineswegs die Heautognosie unserer modernen Hypochondristen, Humoristen und Heautontimorumenen damit gemeint; sondern es heißt ganz einfach: Gib einigermaßen acht auf dich selbst, nimm Notiz von dir selbst, damit du gewahr werdest, wie du zu deinesgleichen und der Welt zu stehen kommst. Hiezu bedarf es keiner psychologischen Quälereien; jeder tüchtige Mensch weiß und erfährt, was es heißen soll; es ist ein guter Rat, der einem jeden praktisch zum größten Vorteil gedeiht.«[4]

Maßhalten in der Selbstbetrachtung bedeutet demnach: Mich freiwillig auf jenen Teil meiner selbst beschränken, den ich kennen muss, um mich in heilsamer Weise zur Welt und zu meinesgleichen zu stellen. Es wäre verfehlt, Goethe hier Gleichgültigkeit oder Verachtung gegenüber dem, was außerhalb des durch dieses Maß begrenzten Feldes liegt, zu unterstellen, hat er doch neben die »drei Ehrfurchten«, welche die Zöglinge seiner »pädagogischen Provinz«[5] jeweils dem entgegenbringen, was über ihnen, unter ihnen oder ihnen gleich ist, als vierte die Ehrfurcht des Menschen vor sich selbst gestellt. Ehrfurcht schließt Zurückhaltung im Fragen und Forschen, im Genießen und Richten ein; sie lehrt das zur seelischen Geste, ja: zur Stimmung erhobene Wahren des inneren Maßes.

Den durch Verzicht auf Selbsterfahrung frei gelassenen Raum erfüllt der »goldene Überfluss der Welt«[6], welcher dem Selbst oft noch verwandter ist als die Inhalte des Seelenlebens. Dass Goethe im Einklang mit seinem Ideal der Selbsterkenntnis das Augenmerk auf die im Licht erscheinende Welt richtet, hindert ihn nicht, anzuerkennen: »Im Innern ist ein Universum auch.«[7] Wenn nun innen wirklich eine *Welt* auftaucht, will die Erfüllung des »Erkenne dich selbst« als Entdeckungsfahrt zu den Gestaden eben dieser Welt gewagt sein. Die allgegenwärtige Versuchung des Narziss muss dabei als drohende Klippe auftauchen, kann aber dank des über den Spiegel der Persönlichkeit hinausweisenden hohen Zieles umschifft werden.

Wie Goethe sich für die taghelle Welt des Lichtes entschied, so wandte sich der Romantiker Novalis der nachtverhangenen Schwelle im Inneren zu:

»Die Phantasie setzt die künftige Welt entweder in die Höhe, oder in die Tiefe, oder in der Metempsychose zu uns. Wir träumen von Reisen durch das Weltall: ist denn das Weltall nicht in uns? Die Tiefen unsers Geistes kennen wir nicht. – Nach Innen geht der geheimnisvolle Weg. In uns, oder nirgends ist die Ewigkeit mit ihren Welten, die Vergangenheit und Zukunft. Die Außenwelt ist die Schattenwelt, sie wirft ihren Schatten in das Lichtreich. Jetzt scheint es uns freilich innerlich so dunkel, einsam, gestaltlos, aber wie ganz anders wird es uns dünken, wenn diese Verfinsterung vorbei und der Schattenkörper hinweggerückt ist. Wir werden mehr genießen als je, denn unser Geist hat entbehrt.«[8]

Goethes ›Ehrfurcht vor mir selbst‹ und der ›Weg nach innen‹, den Novalis meint, bilden ein Gegensatzpaar: Hier Sammlung der Kräfte durch Begrenzung, dort Wachsen ins Unermessliche durch Entgrenzung. Zwischen diesen Polen waltet eine Spannung, aus der mancherlei Herausforderungen und Nöte des Lebens stammen; sie ist darüber hinaus aber auch das Unterpfand jener in sich ruhenden Kraft, die durch das willentliche Aufrechterhalten des *Gleichgewichtes* entsteht.

Wie Alexander Solshenizyn einmal sagte: »Man kann nur in einer Pfütze ertrinken, nie aber im Ozean«, so bewahrt mich die Ehrfurcht vor der eigenen Seele davor, an ihren Untiefen scheiternd zu ertrinken, und so führt der Weg in die ›Tiefen des Geistes‹ in Weiten hinaus, in denen ich mich nie verlieren kann, weil sie mir nicht weniger verwandt sind als die vom ewig jungen Sonnenlicht vergoldete Welt der Sinne.

3 Ich denke die Frage

Alles ernsthafte Nachdenken führt zuletzt an die Schwelle der Selbsterkenntnis; in dem Augenblick nämlich, in dem ich mir sage: Wenn ich mich von der *Gültigkeit* meiner Erkenntnisse überzeugen will, muss ich auch das Erkennen selbst verstehen. Mit dieser Frage habe ich schon das Gebiet der Seelenkunde betreten. Dass es philosophische Lehrgebäude und Schulen gibt, die an dieser Schwelle stehen bleiben und alles Erkennen, ja die ganze Welt, als ›subjektiv‹, das heißt als seelisch bedingt ansehen, kann vorläufig außer Betracht bleiben. Von unschätzbarem Wert aber ist die Klarheit des philosophischen Blicks auf die Seelenerscheinungen. Wenn man in dem folgenden Abschnitt aus der Erkenntnislehre Wladimir Solowjews das Wort ›Philosophie‹ durch ›Seelenkunde‹ ersetzt, dann kann er ohne weiteres als sicherer Ausgangspunkt der Selbsterkenntnis dienen:

»Es existiert für den Beginn der Philosophie eine dreieinige Gewissheit.

Erstens: gewiss sind die subjektiven Zustände des Bewusstseins als solche – der psychische *Stoff* jeglicher Philosophie.

Zweitens: gewiss ist die allgemeine logische *Form* des Denkens als solche (unabhängig vom Inhalt).

Und drittens: gewiss ist das philosophische *Vorhaben* oder die Entschlossenheit, die Wahrheit selbst zu erkennen – als lebendiger Beginn der philosophischen Arbeit, als wirkliche, bestimmte Form, die den Keim oder Samen ihres unbedingten Inhaltes in sich enthält. (...)

Man muss auf diese Weise im Erkennenden unterscheiden: erstens das empirische Subjekt, zweitens das logische Subjekt und drittens das eigentlich philosophische Subjekt. Man kann schließlich dieses dreifache Subjekt mit drei verschiedenen Namen bezeichnen, indem man das erste *Seele*, das zweite *Intellekt* und das dritte *Geist* nennt. Man darf sich bloß von dieser Unterscheidung der Worte nicht hinreißen lassen und nicht vor der Zeit bei ihr stehen bleiben.(...)

Die neuere Philosophie (...) behauptet als ihr Prinzip die alte delphische Forderung γνωϑι σαυτον = erkenne dich selbst. (...)

Bedeutet dies ›Erkenne dich selbst‹, dass wir uns selbst als empirisches Subjekt in unserem Temperament, Charakter und jeglichen psychischen Eigenschaften – den allgemeinen, einzelnen und besonderen – erkennen sollen? Das ist sehr nützlich, aber das ist doch nicht Philosophie.

Oder sollen wir uns als logisches Subjekt in denjenigen Formen des Denkens erkennen, in denen dieses Subjekt als denkendes auftritt, unabhängig vom Gedachten, was dieses auch sei? Auch diese Übung kann nützlich und unterhaltend sein; aber das, was wir Philosophie nennen, lässt sich ebensowenig auf die formale Logik zurückführen, wie es auf die empirische Psychologie zurückzuführen ist.

Der delphische Spruch konnte, wenn er von einer guten Kraft kam, und nicht von Python, keine Erkenntnis seiner selbst als eines empirischen Chaos oder als einer logischen Abstraktion verlangen: er musste auf das Subjekt in der dritten Bedeutung als das wahrhaft philosophische Subjekt hinweisen; dieses wird doch nicht nach seiner materiellen Buntheit und nicht nach seiner formalen Leere, sondern nach seinem unbedingten Inhalt bestimmt, als werdende Vernunft der Wahrheit selbst. ›Erkenne dich selbst‹ bedeutet also: erkenne die Wahrheit: γνωϑι σαυτον – γνωϑι την αληϑειαν.«[9]

Die Gewissheit, welche Solowjew aus den drei von ihm herausgearbeiteten Bereichen seelischer Tatsachen gewinnt, gründet sich darauf, dass jeder von ihnen die beiden anderen stützt; sie bilden den Dreifuß, auf dem alle Selbsterkenntnis ruht:

»Die Einheit dieser dreifachen Gewissheit besteht darin, dass die erste Art der Gewissheit auch den beiden anderen eignet, da sowohl die formale Vernünftigkeit, das Denken überhaupt, als auch das Vorhaben des unbedingten Denkens oder des Erkennens der Wahrheit vor allem Tatsachen des Bewusstseins mit der unmittelbaren Gewissheit in jenem ersten Sinne sind.

Aber zu dieser seiner subjektiven Gewissheit bringt das logische Denken als solches die allgemeine und objektive Bedeutung (eben die formale Vernünftigkeit) einer jeden seiner Äußerungen hinzu und das philosophische Vorhaben fügt zu seiner subjektiven Gewissheit und zur logischen Bedeutung seines Gegenstandes (des Begriffs der Wahrheit selbst oder des Unbedingten) diejenige Entschlossenheit oder denjenigen Akt des sich seinem Gegenstand hingebenden Willens hinzu, der als wirklicher Beginn einer Bewegung erscheint und das Denken in die werdende Vernunft der Wahrheit verwandelt.«

Am Anfang ernsthafter Selbsterkenntnis muss stehen, was Solowjew als letztes nennt: »die Entschlossenheit, die Wahrheit selbst zu erkennen«; und die in diesem Entschluss wirksame »wirkliche, bestimmte Form, die den Keim oder Samen ihres unbedingten Inhaltes in sich enthält«, besteht in einer wohl durchdachten Fragestellung, die sich in klaren Begriffen ausdrückt und die sich auf das ganze Feld der seelischen Erfahrungen richtet:

Wer bin ich?

Drei Worte, eine Frage. So scheint es. In Wirklichkeit ist mit diesem Satz eine Schar von Fragen ausgesprochen, die sich mittels der in der gesprochenen Rede möglichen Betonungen unterscheiden lassen.

1. *Wer* bin ich?
2. *Was* bin ich nicht?
3. Wer *bin* ich?
4. Was bin *nicht* ich?
5. *Was* ist das, was nicht ich bin?
6. Wer bin *ich*?
7. Was bin ich *noch* nicht?

Jede Frage hat ihre besonderen, unausgesprochenen Voraussetzungen und ihr jeweils eigenes Ziel:

1. *Wer* bin ich? – Hier wird das ›Ich‹ und das ›bin‹ vorausgesetzt und nach dem Bild, nach den Eigenschaften gefragt, die zu mir gehören.
2. *Was* bin ich nicht? – Diese Frage hilft auf dem Felde, das durch die erste eröffnet wird, Schein und Sein zu unterscheiden, indem sie das, was ich *bin* von dem trennt, was mir nur anhaftet.
3. Wer *bin* ich? – Genau gesehen ergibt diese Betonung zwei Fragen: Einmal steht das »Ich bin« im Gegensatz zu »Ich war«, oder »Ich werde sein«; so verstanden fragt es nach dem, was ich gegenwärtig bin, im Unterschied zu meiner Vergangenheit und Zukunft. Vor allem aber deutet das ›bin‹ auf die allgemeinen Bestimmungen des *Wesens*, welches durch die vorübergehenden Zustände hindurchgeht.
4. Was bin *nicht* ich? – Diese Betonung unterscheidet im Unterschied zur zweiten Frage die notwendigen Eigenschaften meines Selbst von dessen vorübergehenden Zuständen und Beziehungen, sie trennt das Selbst von *allem*, was es nicht ist; mit anderen Worten: Sie begründet die Unterscheidung von Ich und Nicht-Ich.
5. *Was* ist das, was nicht ich bin? – Diese Frage muss gestellt werden, weil sie dem Selbst das Tor zur Welt öffnet und es so vor dem Laster des Narziss bewahren hilft. Außerdem wird sich zeigen, dass das Selbst zuweilen auch das ist, was es nicht ist. Dies führt auf das Gebiet der Beziehungen zwischen Ich und Nicht-Ich. Es betrifft die Pflege meines Verhaltens zur Welt und zu meinesgleichen, das also, was man die ›Lebenskunst‹ im höheren Sinne nennt.
6. Wer bin *ich*? – Diese Betonung fragt nach dem, wodurch ich nichts bin als – ich selbst, und wodurch ich mich von allen anderen ›Ichen‹ unterscheide.
7. Was bin ich *noch* nicht? – Die letzte Frage versucht der Tatsache gerecht zu werden, dass es für mein Selbst eine Brücke zwischen Sein und Nicht-Sein gibt: das im Wesen veranlagte *Werden*.

Erste Woche

SINN DES LEBENS
Von der Zeitlichkeit der Seele

Schlaf nicht, schlaf nicht, Künstler,
Ergib dich nicht dem Schlaf,
Du bist die Geisel der Ewigkeit,
Gefangen im Kerker der Zeit.

Boris Pasternak

4 Ewigkeit

Eng verknüpft mit der Selbsterkenntnis ist die Frage nach dem ›Sinn des Lebens‹. Sie gilt nicht einfach dem Leben als solchem, sondern meint mein eigenes, besonderes Leben. Das letztere aber ist nichts anderes als die Daseinsform meines Selbst, meiner Seele, meiner Individualität oder wie immer man sagen mag; und der ›Sinn‹ ist dabei nicht bloß ein dem Naturzusammenhang dienender Zweck meines Daseins, auch nicht seine etwaige gottgewollte Bestimmung, vielmehr dasjenige, was ich selbst ihm als Ziel oder Wert zuspreche.

Auch auf dem Felde der durch Selbsterkenntnis gefundenen Werte und Ziele rufen Mannigfaltigkeit, Gegensatz und Spannung nach Gleichgewicht. Einen umfassenden Gegensatz veranschaulichen zwei Erzählungen. Die erste handelt von einer wirklichen Begebenheit, die sich nach dem Bericht des Ilmenauer Berginspektors Johann Christian Mahr am 27. August 1831 zutrug:

»Ganz bequem waren wir bis auf den höchsten Punkt des Kickelhahns gelangt, als er ausstieg, sich erst an der kostbaren Aussicht auf dem Rondell ergötzte, dann über die herrliche Waldung freute und dabei ausrief: Ach hätte doch dies Schöne mein guter Großherzog Karl August noch einmal sehen können! – Hierauf sagte er: ›Das kleine Waldhaus muss hier in der Nähe sein: Ich kann zu Fuß dahin gehen, und die chaise soll hier so lange warten, bis wir zurückkommen.‹ Wirklich schritt er rüstig durch die auf der Kuppe des Berges ziemlich hochstehenden Heidelbeersträucher hindurch bis zu dem wohlbekannten, zweistöckigen Jagdhause, welches aus Zimmerholz und Bretterbeschlag besteht. Eine steile Treppe führt in den oberen Teil desselben; ich erbot mich, ihn zu führen, er aber lehnte es mit jugendlicher Munterkeit ab, ob er gleich tags drauf seinen zweiundachtzigsten Geburtstag feierte, mit den Worten: ›Glauben sie ja nicht, dass ich die Treppe nicht steigen könnte; das geht mir noch recht sehr gut.‹ Beim Eintritt in das obere Zimmer sagte er: ›Ich habe in früherer Zeit in dieser Stube mit einem Bedienten im Sommer acht Tage gewohnt und damals einen kleinen Vers hier an die Wand geschrieben. Wohl möchte ich diesen Vers nochmals sehen, und wenn der Tag darunter bemerkt ist, an welchem es geschehen, so haben Sie die Güte, mir solchen aufzuzeichnen.‹ Sogleich führte ich ihn an das südliche Fenster der Stube, an welchem links mit Bleistift geschrieben steht:

Über allen Gipfeln
Ist Ruh,
In allen Wipfeln
Spürest du
Kaum einen Hauch;
Die Vöglein schweigen im Walde.
Warte nur, balde
Ruhest du auch.

D. 7. September 1780 Goethe

Goethe überlas diese wenigen Verse, und Tränen flossen über seine Wangen. Ganz langsam zog er sein schneeweißes Taschentuch aus seinem dunkelbraunen Tuchrock, trocknete sich die Tränen und sprach in sanftem, wehmütigem Ton: ›Ja warte nur, balde ruhest du auch‹, schwieg eine halbe Minute, sah nochmals durch das Fenster in den düsteren Fichtenwald und wendete sich darauf zu mir mit den Worten: ›Nun wollen wir wieder gehen!‹ «

Der alte Dichter erfuhr in dieser Stunde den Sinn des Gleichnisses von den Arbeitern im Weinberg (Matth. 20, 1-16): Jeder von ihnen erhält, wie kurz oder lang er auch gewirkt haben mag, am Ende des Tages *einen* Denar. Es muss der selbe Lohn für alle sein, weil die letzte Stunde nichts größeres geben kann als: Das Menschenleben in dem Spiegel zu sehen, der entsteht, wenn der Strom der Zeit in jenem Kreis zur Ruhe kommt, der Anfang und Ende verbindet. Denn das ist es, was hinter dem späten Wiederfinden der in der Jugend geschriebenen Verse auftaucht: Geburt und Tod. Sie bilden den Rahmen, in dem das darin beschlossene Bild Wirklichkeit wird. Glanz und Elend, Taumel und Trauer des Lebens täuschen immer wieder über dieses eine hinweg: Das größte Geschenk ist, *ein Mensch gewesen zu sein*, und wäre dieser eine Denar mir nicht gegeben, könnte auch alles andere, einzelne nicht sein, was nötig war, damit das Werk getan wird. Warum nicht darauf vertrauen, dass dieser Großkreis des Menschseins in jedem Zuendegehen gefunden wird? Warum nicht durch mein Sinnen über dieses Geheimnis ein heilsames Staunen entstehen lassen, in dem der Hauch der Ewigkeit ahnungvolle Gedanken weckt?

5 Augenblick

Anders als das Ende spricht der *gegenwärtige* Augenblick. Könnte es sein, dass nicht nur die durch Geburt und Tod geschenkte Einheit des Lebens Gewicht hat, ja, dass es vielmehr *Teile* gibt, die ebensoviel wiegen wie dieses Ganze? Eine Frage, welche die Seele mit Ernst, wo nicht mit Beklemmung füllt. Die zweite Geschichte führt an ihren Kern:

»Vor dem Gesetz steht ein Türhüter. Zu diesem Türhüter kommt ein Mann vom Lande und bittet um Eintritt in das Gesetz. Aber der Türhüter sagt, dass er ihm jetzt den Eintritt nicht gewähren könne. Der Mann überlegt und fragt dann, ob er also später werde eintreten dürfen. ›Es ist möglich‹, sagt der Türhüter, ›jetzt aber nicht.‹ Da das Tor zum Gesetz offensteht wie immer und der Türhüter beiseite tritt, bückt sich der Mann, um durch das Tor in das Innere zu sehen. Als der Türhüter das merkt, lacht er und sagt: ›Wenn es dich so lockt, versuche es doch, trotz meinem Verbot hineinzugehen. Merke aber: Ich bin mächtig. Und ich bin nur der unterste Türhüter. Von Saal zu Saal stehen aber Türhüter, einer mächtiger als der andere. Schon den Anblick des dritten kann nicht einmal ich mehr vertragen.‹ Solche Schwierigkeiten hat der Mann vom Lande nicht erwartet, das Gesetz soll doch jedem und immer zugänglich sein, denkt er, aber als er jetzt den Türhüter in seinem Pelzmantel genauer ansieht, seine große Spitznase, den langen, dünnen, schwarzen, tartarischen Bart, entschließt er sich doch, lieber zu warten, bis er die Erlaubnis zum Eintritt bekommt. Der Türhüter gibt ihm einen Schemel und lässt ihn seitwärts von der Tür sich niedersetzen. Dort sitzt er Tage und Jahre. Er macht viele Versuche, eingelassen zu werden und ermüdet den Türhüter durch seine Bitten. Der Türhüter stellt öfters kleine Verhöre mit ihm an, fragt ihn nach seiner Heimat aus und nach vielem anderen, es sind aber teilnahmslose Fragen, wie sie große Herren stellen, und zum Schlusse sagt er ihm immer wieder, dass er ihn noch nicht einlassen könne. Der Mann, der sich für seine Reise mit vielem ausgerüstet hat, verwendet alles, und sei es noch so wertvoll, um den Türhüter zu bestechen. Dieser nimmt zwar alles an, aber sagt dabei: ›Ich nehme es nur an, damit du nicht glaubst, etwas versäumt zu haben.‹ Während der vielen Jahre beobachtet der Mann den Türhüter fast ununterbrochen. Er vergißt die anderen Türhüter, und dieser erste scheint ihm das einzige Hindernis für den Eintritt in das Gesetz. Er verflucht den unglücklichen Zufall in den ersten Jahren laut, später, als er alt wird, brummt er nur noch vor sich hin. Er wird kindisch, und da er in dem jahrelangen Studium des Türhüters auch die Flöhe in seinem Pelzkragen erkannt hat, bittet er auch die Flöhe, ihm zu helfen und den Türhüter umzustimmen. Schließlich wird sein Augenlicht schwach, und er weiß nicht, ob es um ihn wirklich dunkler wird oder ob ihn nur die Augen täuschen. Wohl aber erkennt er jetzt im Dunkel einen Glanz, der unverlöschlich aus der Türe des Gesetzes bricht. Nun lebt er nicht mehr lange. Vor seinem Tode sammeln sich in seinem Kopfe alle Erfahrungen der ganzen Zeit zu einer Frage, die er bisher an den Türhüter noch nicht gestellt hat. Er winkt ihm zu, da er seinen erstarrenden Körper nicht mehr aufrichten kann. Der Türhüter muss sich tief zu ihm hinunterneigen, denn die Größenunterschiede haben sich sehr zuungunsten des Mannes verändert. ›Was willst du denn jetzt noch wissen?‹ fragt der Türhüter, ›du bist unersättlich.‹ ›Alle streben doch nach dem Gesetz‹, sagt der Mann, ›wie kommt es, dass in den vielen Jahren niemand außer mir Einlass verlangt hat?‹ Der Türhüter erkennt, dass der Mann schon am Ende ist, und um sein vergehendes Gehör noch zu erreichen, brüllt er ihn an: ›Hier konnte niemand sonst Einlass erhalten, denn dieser Eingang war nur für dich bestimmt. Ich gehe jetzt und schließe ihn.‹«

Die Parabel aus Franz Kafkas *Prozeß* lässt sich als Hinweis auf eine *Möglichkeit* lesen, die zunächst jederzeit offensteht, dabei aber unbeachtet bleiben kann, sodass das Unerhörte, das durch sie in die Welt treten könnte, ungeschehen bliebe, und die irgendwann einmal aufhören wird zu bestehen. *Ein* Augenblick also, von dem *alles* abhängt! Ein Entschluss, der vielleicht sogar von mir erwartet wird, der aber dessenungeachtet nur durch meinen Willen vollstreckt werden kann! Das traurige Ende wäre, sollte es mir wie dem Mann in der Parabel ergehen, dann ganz meine eigene Schuld. Selber schuld – das ist auch das Fazit eines jiddischen Liedes, das Jtschak Katsenelson (1886–1944) verfasst hat:

Dos kelbl

Oifn forel[10] ligt a kelbl,
ligt gebunden mit a schtrik,
hojch in himl fligt a fojgl,
flit und drejt sich hin un tsr'rik.

Lacht der wind in korn,
lacht un lacht un lacht,
lacht er op a tog, a gantsn,
un a halbe nacht.
Donaj, donaj, donaj, donaj, donaj,
donaj, donaj, donaj, daj ...

Schreit dos kelbl, sogt der pojer,[11]
wer-tsche hejst dich sajn a kalb?
Wolst gekent doch sajn a fojgl,
Wolst gekent doch sajn a schwalb.

Lacht der wind in korn ...

Bidne[12] kelblech tut men bindn,
un men schlegt sie un men schecht.
Wer's hot fligl, flit arojf zu,
is bej kejnem nischt keijn knecht.

Lacht der wind in korn ...

Das Kälbchen liegt gebunden auf dem Wagen, mit dem der Bauer es zum Schlachthof bringt. Hoch in der Luft fliegt ein Vogel, und der Wind streicht lachend durch das Korn. Ist es wirklich Bosheit, die den Bauern veranlasst, dem bedauernswerten Tier die Schuld für sein Elend zu geben? Was soll das heißen: Ein Vogel werden? Und warum *lacht* der Wind im Korn? Will das Kälblein überhaupt ein Vogel werden? Und wenn ich selbst einst als gefesseltes Kälbchen auf dem Wagen läge – würde ich dann den wohlwollenden Spott des Bauern verstehen und das befreiende Lachen des Windes hören wollen?

Der Gegensatz, den die beiden Erzählungen kennzeichnen, gehört der *Zeit* an. Er ist ein Teil meines Wesens, weil dieses untrennbar mit der Polarität von Zeit*punkt* und Zeit*kreis* verschmolzen ist. Das Griechische unterscheidet an der Zeit den *Kairós*, das heißt, den richtigen oder passenden Zeitpunkt, vom *Äon*, in dem die einzelnen zeitlichen Erscheinungen sich zum Kreis immerwährender Einheit zusammenschließen. Das Türhütergleichnis handelt vom Kairós, während der alte Dichter der ersten Erzählung am Ort verflossener Jugendtage dem Äon seines Lebens begegnet.

6 Einst und Jetzt

Äon und Kairós warten hinter dem Horizont des Seelenlebens – der erstere als Möglichkeit zu gesteigerter Erfahrung, der zweite als Möglichkeit zur freien Tat. Immerdar gegeben jedoch ist die Zeit als Strom der Ereignisse, den die Zukunft gebiert und der zur Vergangenheit gerinnt; dazwischen die Gegenwart – auch sie ein Augenblick, einer, der anders als der Kairós ohne mein Zutun entsteht, vergeht und Inhalt gewinnt. Das ist das dritte Gesicht der Zeit. Wenn man das Wort ›einst‹ in seinem doppelten, auf Zukunft *und* Vergangenheit anwendbaren Sinn nimmt, so darf man die Zeile aus Schillers *Pilgrim:* »und das Dort ist niemals Hier«, abwandeln und sagen: Das Einst wird niemals Jetzt. Die Griechen und das Neue Testament sagen ›Tag‹ oder ›Stunde‹, wenn sie sich auf die Gegenwärtigkeit der Zeit beziehen und sprechen von *Chronos*, wenn sie die Fühlbarkeit oder Messbarkeit dessen meinen, was die Seele in ihrem Verhältnis zu Gegenwart, Vergangenheit und Zukunft als Dauer erfährt.

Alles, was ich erlebe, fühle, tue, lebt im Augenblick, der sich zwischen der ungewissen Zukunft und der unabänderlichen

Vergangenheit ereignet. Vergangenheit, Gegenwart, Zukunft werden lebendiger Seeleninhalt: als Empfindung, Lust, Freude, Leid und Schmerz; als Reue, Verlust und Abschied und Erinnerung; als Erwartung, Sehnsucht, Wunsch oder Furcht. Wie der Leib seinem Wesen nach Ausdehnung im Raum besitzt, so ist die Seele mit der chronologischen Zeit verwoben.

Durch Vergehen und Werden greift Chronos wandelnd und heilend in den Gang des Lebens ein. Er stellt die Seele aber auch vor besondere Prüfungen: Gegenwärtig erlebter Schmerz und Unlust sind unwillkürlich mit dem Wunsch nach ihrem Vergehen verbunden; die Lust dagegen »will tiefe, tiefe Ewigkeit«, wie Nietzsches Zarathustra im *Trunknen Liede* sagt. Die Berührung mit Chronos treibt Psyche in die Flucht von der Unlust zur Lust, von der Last zur Leichtigkeit, und zum ängstlichen Festhalten am gegenwärtigen Genuss. Daher keimen stets von neuem Sehnsucht und Sorge aus der Spur, die das Jetzt in der Seele zieht – oder sie verführen dazu, das Wunschbild unbegrenzten *Fort*dauerns im Einst mit dem ewigen *An*dauern des Äons zu verwechseln. – Den Taumel, in den die Seele fällt, wenn sie von Chronos überwältigt wird, hat Goethe in der zweiten Studierzimmer-Szene seines *Faust* dargestellt. Klar wird in dieser Szene die Kraft benannt, die Faust zurückweist, als er sich dem Strudel überantwortet:

> »Und Fluch vor allem der Geduld!«

Geduld, so heißt die Brücke, welche der befreite Wille vom Jetzt zum Einst zu spannen vermag; sie bewahrt die Seele davor, von Last oder Leere des wirklichen Jetzt bedrängt, ihr Sein in der Scheinwelt des bloß gewünschten Einst zu suchen; und nicht zuletzt gibt sie der Seele die Kraft, gegenwärtiges Leid als Unterpfand kommenden Glückes zu bejahen und zu ertragen.

Nachdem Faust den Weg der Geduld verworfen hat, schließt er die Wette mit jenem Gesellen ab, der verspricht, dem Jetzt allen Genuss zu verschaffen und allen Verdruss fern zu halten. Hinter der Fassade von Lebensüberdruss und Zynismus, die

Faust vor sich stellt, herrschen aber zerreißende Widersprüche, die weder fruchtbare Spannung noch Gleichgewicht zulassen; sie gerinnen in den Widersinn des Paktes, in dem Mephisto vordergründig mit der Aussicht lockt, im Genießen des Jetzt vergessen zu lassen, dass der Genuss nicht befriedigt, Faust hingegen die Treue zu Äon und Kairós im ›kleinen‹ Jetzt des Chronos zu bewahren hofft:

Werd' ich beruhigt je mich auf ein Faulbett legen,
So sei es gleich um mich getan!
Kannst du mich schmeichelnd je belügen,
Dass ich mir selbst gefallen mag,
Kannst du mich mit Genuss betrügen,
Das sei für mich der letzte Tag! (...)
Werd' ich zum Augenblicke sagen:
Verweile doch! du bist so schön!
Dann magst du mich in Fesseln schlagen,
Dann will ich gern zugrunde gehn!
Dann mag die Totenglocke schallen,
Dann bist du deines Dienstes frei,
Die Uhr mag stehn, der Zeiger fallen,
Es sei die Zeit für mich vorbei!

Auch das doppelte ›Einst‹ muss einst zur Last werden. Frau *Sorge* kann, wie Faust am Ende seines Weges erleben muss, durch das Schlüsselloch dringen, vor dem Mangel, Not und Schuld halt machen müssen. Kaum eingedrungen, lenkt sie Fausts Sinn auf das im kommenden Einst sich nähernde Ende:

Es klang so nach, als hieß es – Not.
Ein düst'res Reimwort folgte – Tod.

Der Sorge um das Ende folgt auf dem Fuß die andere um die Schatten des vergangenen Einst – die *Reue*. Faust fühlt ihre Macht, als er ausruft:

»Könnt ich Magie von meinem Pfad entfernen ...!«

Gelassenheit bewahrt das Selbst vor dem Sog des drohenden oder lockenden Einst; sie ist es, von der die Bergpredigt (Matth. 6,34) sagt: »Sorget euch nicht um das Morgen, das Morgen wird seine eigene Sorge haben; jeder Tag hat an seiner eigenen Mühsal genug.« Und in der *Dankbarkeit* segnet vergangenes Glück das Jetzt der Seele, wenn sie denn das Lied des Türmers hören will, dem Faust seine Ohren verschloss:

Ihr glücklichen Augen,
Was je ihr gesehn,
Es sei wie es wolle,
Es war doch so schön!

Geduld, Gelassenheit und Dankbarkeit lösen so das Selbst aus den Fesseln von Einst und Jetzt und lassen es in wahrer *Besonnenheit* zwischen beiden zu sich selbst finden.

7 Proligio

1963 schrieb Hans Erich Nossack einen Aufsatz mit dem ungewöhnlichen Titel »Proligio«.[13] Er meint mit dieser Wortschöpfung das »Gezogensein nach vorne auf ein Ziel hin, dem wir uns verpflichtet fühlen, obwohl es uns unbekannt ist«, und entwickelt seine Überlegungen aus einer im Anblick eines urzeitlichen Schädels erneuerten Hamlet-Meditation:

»Wenn ich noch einmal den Schädel des Zinjanthropos zu Rate ziehe, so fällt mir auf, dass der Blick seiner Augenhöhlen wachsam über die Grenzen hinaus in die Zukunft gerichtet ist. Er war zweifellos ein Häretiker, und das macht ihn zu meinem Bruder, den ich nicht im Stich lassen darf.«[14]

Die seelischen Grundlagen eines solchen In-der-Zukunft-Beheimatetseins sind: *Glaube, Liebe, Hoffnung.* – Von diesen drei Kräften wird die erste, der Glaube, herkömmlicherweise in einen gewissen Gegensatz zum Denken und Erkennen gebracht. Daran ist so viel richtig, dass ein heilsamer, aufgeklärter Umgang mit der Kraft des Glaubens ohne den Blick auf diese Bereiche des Seelenlebens kaum möglich ist, ohne eine klare Antwort auf die Frage: *Glaubst du, dass du erkennst oder erkennst du, dass du glaubst!*

Die Ursprungsschicht des Glaubens kann dem Bewusstsein leicht entgehen. Sie ist im unwillkürlichen Bejahen der unmittelbar gegebenen Erfahrung beschlossen. Dies hat am klarsten wiederum Wladimir Solowjew erkannt:

»Wir glauben am stärksten an das Sein der Außenwelt, weil dieser Glaube in unserem Bewusstsein jene einfache, unabweisbare Urtatsache widerspiegelt, dass wir, das heißt das gegebene Subjekt, ein Teil des allgemeinen Seins, ein Glied des universalen Ganzen sind. Da diese Tatsache jedem Denken und jeder Erkenntnis vorangeht, so kann der Glaube, den sie bedingt, durch keinerlei Denk- oder Erkenntnisprozess beseitigt werden.«[15]

Die Geschichte des Glaubens beginnt mit einer der Seele eingeborene *Gewissheit des Herzens.* Diese entfaltet sich aus dem Bereich des Fühlens in Richtung auf das Denken und das Wollen zu dem, was im Umfang der griechischen *pistis* beschlossen liegt: Gefühlt wird das *Vertrauen* in die Güte des wesenhaften Seinsgrundes; gewollt wird die *Treue* zu der damit eingegangenen Bindung; und dem Denken kommt das *Gelten-Lassen* des höheren Seins entgegen.

Dann kamen Jahrhunderte, in denen der Glaube als das Befolgen eines Gebotes erlebt wurde: Als Augustinus der Stimme gehorchte, die ihn mit dem Gebot: »Nimm und lies!« auf das Wort der Offenbarung hinwies, setzte er ein unausgesprochenes » ... und glaube, was du liest!« voraus. Die Ablösung dieses *dogmatischen* Glaubensverständnisses durch den Rationalismus der Neuzeit blieb unvollständig, weil sie weithin nur zum Austausch der die Dogmen setzenden Mächte führte, keineswegs zu selbstständigem Denken und Urteilen; sie bahnte einer Neigung den Weg, die heute so weit verbreitet ist, wie sie unbeachtet bleibt: Die naive Hingabe an Erscheinungen des inneren und äußeren Lebens oder auch an ›Informationen‹ über dieselben, nach deren Gründen oder Verläßlichkeit man nicht fragen kann oder mag, einfach, weil jene Vollmacht in Glaubensfragen, die einst von mächtigen Institutionen ausgeübt wurde, auf die öffentliche Meinung überging, der mancher um so bereitwilliger anhängt, als er sie zugleich als seine persönliche Meinung betrachtet. Wer sich für diese fragwürdige Glaubenspraxis entscheidet, ist selbst dafür verantwortlich.

Eine weitere, zunächst ebenfalls unbewusste Schicht des Glaubens gebiert den *Irrtum*; denn ohne ein gewisses Maß an unkontrolliertem Glauben wäre es unmöglich, eine Sinnestäuschung, eine falsche Erinnerung, ein Urteil, deren wirkliche Gründe oder Voraussetzungen mir entgehen, für wahr zu halten.

Im Dritten Buch der *Bestimmung des Menschen* wird deutlich, dass Johann Gottlieb Fichte noch eine höhere Form des Glaubens bekannt war: Der Glaube ist keineswegs Mangel an Erkenntnis, vielmehr die bewusst gesetzte Vollendung derselben:

»Der Glaube ist es; dieses freiwillige Beruhen bei der sich uns natürlich darbietenden Ansicht, weil wir nur bei dieser Ansicht unsere Bestimmung erfüllen können; er ist es, der dem Wissen erst Beifall gibt, und das, was ohne ihn bloße Täuschung sein könnte, zur Gewissheit erhebt. Er ist kein Wissen, sondern ein Entschluss des Willens, das Wissen gelten zu lassen.«

Hier steht der im Glaubensentschluss wirksame *Wille* im Vordergrund. – Ich trete dem gegenüber einen Schritt zurück und halte das *Bewusstsein* von dem Entschluss fest. »Das Erkannte gelten lassen« heißt dann nichts geringeres als: der Gedankenwelt, die als abgezogenes Wissen enden müsste, von mir aus zu geben, was mir der Urglaube an die naive Erfahrung als Vorschuss anvertraute: Fülle und Wirklichkeit des Seins. So schließt der Glaube den Kreis um Erfahrung und Denken. Diese Steigerung des Glaubens knüpft an das wirklich *Erkannte* an und nicht an das bloße Wissen oder an beliebige intellektuelle Einfälle.

Auf diesem Wege wird der Glaube sowohl aus dem fruchtlosen Widerstreit mit dem Erkennen wie aus der Bindung an Autoritäten gelöst. Er entspringt meiner Freiheit, sofern ich mir des Glaubensentschlusses bewusst bleibe, wobei die Hoffnung der Liebe und dem freien Willen zu Hilfe kommt, indem sie spricht: Du wirst einst »ganz erkennen, wie wir jetzt schon ganz erkannt sind« (1. Kor. 13,13). Das Ich glaubt nicht nur wenn und wann es will, sondern auch was es will. Daher lassen sich die Sätze des Glaubens nicht eigentlich erörtern, wohl aber erzählen. Der Zuhörer wird das Vernommene dann glauben oder nicht – wenn, wann und soweit er es will, im Einklang mit seiner eigenen Freiheit und Einzigkeit.

Durch den *verantworteten* Bezug auf die zukünftige Erkenntnis wird der Glaube zu einem Quellort für Liebe und Hoffnung, die ihrerseits dann wieder auf den Glauben zurückwirken. So versteht Fichte in der *Anweisung zum seligen Leben*[16] den Ursprung von Glauben und Hoffen aus dem Bereich des *Fühlens:*

»(Des Menschen) Handeln ist ja die notwendige Erscheinung seiner Liebe; wiederum aber geht sein Handeln notwendig nach außen und setzt ein Außen für ihn, und setzt seinen Gedanken, dass in diesem Außen etwas wirklich werden solle. Ohne Vertilgung jener Liebe in ihm kann weder dieses Handeln, noch dieser sein notwendiger Gedanke beim Handeln jemals wegfallen. So oft er auch abgewiesen werde von außen, ohne den gehofften Erfolg, wird er in sich selbst zurückgetrieben, schöpfend aus der in ihm ewig fortfließenden Quelle der Liebe neue Lust und Liebe, und neue Mittel; und wird fortgetrieben von ihr zu einem neuen Versuche, und wenn auch dieser mißlänge, abermals zu einem neuen; jedesmal voraussetzend, was bisher nicht gelungen sei, könne diesmal gelingen, oder auch das nächste Mal, oder doch irgend einmal, und falls auch ihm überhaupt nicht, doch etwa, durch seine Beihülfe und zufolge seiner Vorarbeiten, einem folgenden Arbeiter. So wird ihm die Liebe eine ewig fortrinnende Quelle von Glauben und Hoffnung (...) Dieser unerschütterliche Glaube nun und diese nie ermüdende Hoffnung ist es, durch welche er sich über alle die Indignation oder den Jammer, mit denen die Betrachtung der Wirklichkeit ihn erfüllen mag, hinwegsetzen kann, sobald er will, und den sichersten Frieden und die unzerstörbarste Ruhe einladen kann in seine Brust, sobald er ihrer begehrt. Blicke er hinaus über die Gegenwart in die Zukunft! – und er hat ja für diesen Blick die ganze Unendlichkeit vor sich ...«

Wer den Entschluss zum Glauben in Freiheit setzt, der wird dies auch für die Liebe und das Hoffen tun. Die Tugenden und Kräfte, die der bewusste Umgang mit Äon, Kairós und Chronos lehrt, befreien die Seele aus den Fesseln der Zeitlichkeit – Glaube und Liebe aber tragen sie über die Grenzen aller Zeit hinaus, indem sie ›Elpis‹ entbinden, die Hoffnung, deren Aufschwung das letzte von Goethes *Urworten* gilt:

> Doch solcher Grenze, solcher eh'rnen Mauer
> Höchst widerwärt'ge Pforte wird entriegelt,
> Sie stehe nur mit alter Felsendauer!
> Ein Wesen regt sich leicht und ungezügelt:
> Aus Wolkendecke, Nebel, Regenschauer
> Erhebt sie uns, mit ihr, durch sie beflügelt,
> Ihr kennt sie wohl, sie schwärmt durch alle Zonen;
> Ein Flügelschlag – und hinter uns Äonen!

WER BIN ICH?
Vom Unbewussten

Was Erde sei,
Erfahre ich nicht,
wenn ich selbst Erde bin …

Ernst Meister

8 Der Schrei der Alraune

»Ein junger Jäger saß im innersten Gebirge nachdenkend bei einem Vogelherde, indem das Rauschen der Gewässer und des Waldes in der Einsamkeit tönte. Er bedachte sein Schicksal, wie er so jung sei, und Vater und Mutter, die wohlbekannte Heimat, und alle Befreundeten seines Dorfes verlassen hatte, um eine fremde Umgebung zu suchen, um sich aus dem Kreise der wiederkehrenden Gewöhnlichkeit zu entfernen, und er blickte mit einer Art von Verwunderung auf, dass er sich nun in diesem Tale, in dieser Beschäftigung wiederfand. Große Wolken zogen durch den Himmel und verloren sich hinter den Bergen, Vögel sangen aus den Gebüschen und ein Widerschall antwortete ihnen. Er stieg langsam den Berg hinunter, und setzte sich an den Rand eines Baches nieder, der über vorragendes Gestein schäumend murmelte. Er hörte auf die wechselnde Melodie des Wassers, und es schien, als wenn ihm die Wogen in unverständlichen Worten tausend Dinge sagten, die ihm so wichtig waren, und er musste sich innig betrüben, dass er ihre Reden nicht verstehen konnte.«

So beginnt die 1802 von Ludwig Tieck in einer einzigen Nacht verfasste Märchenerzählung *Der Runenberg.* Sie entstammt einem in jener Zeit um sich greifenden neuen Verhältnis des

Menschen zu den Schattenwinkeln der Seele. Nicht, dass letztere vorher in der Kunst außer Betracht geblieben wären (man denke nur an Shakespeare oder Hieronymus Bosch) – sie wurden durchaus angeschaut, aber stets in ihrem Verhältnis zu religiösen und sittlichen Ordnungen. Das neue, das sich bei Tieck ankündigt, besteht darin, dass man sich den aus den Organen des Leibes und den naturverwandten Seelenregionen stammenden Erlebnissen *als solchen* zuwendet. Wie auch immer es um den künstlerischen Wert von Tiecks Schöpfungen bestellt sein mag – sie gehören zu den ersten Belegen für das heute vorherrschende Verhältnis des Menschen zu dem, was er sein Unbewusstes nennt. 45 Jahre bevor Carl Gustav Carus seine Untersuchung *Psyche – zur Entwicklungsgeschichte der Seele* mit dem Satz beginnen ließ: »Der Schlüssel zur Erkenntnis vom Wesen des bewussten Seelenlebens liegt in der Region des Unbewusstseins«,[17] hat Tieck im »Runenberg« die Begegnung mit dem Unbewussten als Wachtraum erlebt.

Die Selbstbetrachtung, in welcher der junge Jäger sich ergeht, ist von solcher Art, dass die Natur um ihn herum an ihr teilzunehmen scheint. Wie Wind und Wasser »in der Einsamkeit« rauschen, so fließt, bald merklich, bald verebbend im Gang der Zeit durch jede Seele ein Strom von Empfinden und Ahnen, dessen raunende Botschaft sie anzugehen scheint, dabei aber doch immer rätselhaft bleibt:

»Indem es finstrer wurde, und der Bach lauter rauschte, und das Geflügel der Nacht seine irre Wanderung mit umschweifendem Fluge begann, saß er noch immer mißvergnügt und in sich versunken; er hätte weinen mögen, und er war durchaus unentschlossen, was er tun und vornehmen solle. Gedankenlos zog er eine hervorragende Wurzel aus der Erde, und plötzlich hörte er erschreckend ein dumpfes Winseln im Boden, das sich unterirdisch in klagenden Tönen fortzog, und erst in der Ferne wehmütig verscholl. Der Ton durchdrang sein innerstes Herz, er ergriff ihn, als wenn er unvermutet die Wunde berührt habe, an der der sterbende Leichnam der Natur in

Schmerzen verscheiden wolle. Er sprang auf und wollte entfliehen, denn er hatte wohl ehemals von der seltsamen Alrunenwurzel gehört, die beim Ausreißen so herzdurchschneidende Klagetöne von sich gebe, dass der Mensch von ihrem Gewinsel wahnsinnig werden müsse.«

Auch der Schrei der Alraune, ausgelöst durch einen *gedankenlosen* Griff, wirkt vertraut: Ein Wort, ein Bild, ein Gedanke, dem man ungewollt Raum gibt, zeitigt einen erschütternden Nachhall, dessen verborgene Wurzel oft in die Bedürfnisse und Begehrungen des Leibes reicht.

»Indem er fortgehen wollte, stand ein fremder Mann hinter ihm, welcher ihn freundlich ansah und fragte, wohin er wolle. Christian hatte sich Gesellschaft gewünscht, und doch erschrak er von neuem vor dieser freundlichen Gegenwart. ›Wohin so eilig?‹, fragte der Fremde noch einmal. Der junge Jäger suchte sich zu sammeln und erzählte, wie ihm plötzlich die Einsamkeit so schrecklich vorgekommen sei, dass er sich habe retten wollen, der Abend sei so dunkel, die grünen Schatten des Waldes so traurig, der Bach spreche in lauter Klagen, die Wolken des Himmels zögen seine Sehnsucht jenseits den Bergen hinüber. ›Ihr seid noch jung‹, sagte der Fremde, ›und könnt wohl die Strenge der Einsamkeit noch nicht ertragen, ich will Euch begleiten, denn Ihr findet doch kein Haus oder Dorf im Umkreis einer Meile, wir mögen unterwegs etwas sprechen und uns erzählen, so verliert Ihr die trüben Gedanken; in einer Stunde kommt der Mond hinter den Bergen hervor, sein Licht wird dann wohl auch Eure Seele lichter machen.‹

Sie gingen fort, und der Fremde dünkte dem Jünglinge bald ein alter Bekannter zu sein. ›Wie seid Ihr in dieses Gebürge gekommen‹, fragte jener, ›Ihr seid hier, Eurer Sprache nach, nicht einheimisch.‹ – ›Ach darüber‹, sagte der Jüngling, ›ließe sich viel sagen, und doch ist es wieder keiner Rede keiner Erzählung wert ...‹ (...)

Der fremde Mann hatte aufmerksam zugehört, indem beide

durch einen dunkeln Gang des Waldes gewandert waren. Jetzt traten sie ins Freie, und das Licht des Mondes, der oben mit seinen Hörnern über der Bergspitze stand, begrüßte sie freundlich: in unkenntlichen Formen und vielen gesonderten Massen, die der bleiche Schimmer wieder rätselhaft vereinigte, lag das gespaltene Gebürge vor ihnen, im Hintergrunde ein steiler Berg, auf welchem uralte verwitterte Ruinen schauerlich im weißen Lichte sich zeigten. ›Unser Weg trennt sich hier‹, sagte der Fremde, ›ich gehe in diese Tiefe hinunter, dort bei jenem alten Schacht ist meine Wohnung: die Erze sind meine Nachbarn, die Berggewässer erzählen mir Wunderdinge in der Nacht, dahin kannst du mir doch nicht folgen. Aber siehe dort den Runenberg mit seinem schroffen Mauerwerke, wie schön und anlockend das alte Gestein zu uns herblickt! Bist du niemals dorten gewesen?‹ ›Niemals‹, sagte der junge Christian, ›ich hörte einmal meinen alten Förster wundersame Dinge von diesem Berge erzählen, die ich töricht genug wieder vergessen habe; aber ich erinnere mich, dass mir an jenem Abend grauenhaft zumute war. Ich möchte wohl einmal die Höhe besteigen, denn die Lichter sind dort am schönsten, das Gras muss dorten recht grün sein, die Welt umher recht seltsam, auch mag sich's wohl treffen, dass man noch manch Wunder aus der alten Zeit da oben fände.‹

›Es kann fast nicht fehlen‹, sagte jener, ›wer nur zu suchen versteht, wessen Herz recht innerlich hingezogen wird, der findet uralte Freunde dort und Herrlichkeiten, alles, was er am eifrigsten wünscht.‹ – Mit diesen Worten stieg der Fremde schnell hinunter, ohne seinem Gefährten Lebewohl zu sagen, bald war er im Dickicht des Gebüsches verschwunden, und kurz nachher verhallte auch der Tritt seiner Füße. Der junge Jäger war nicht verwundert, er verdoppelte nur seine Schritte nach dem Runenberge zu.«

Ohne ihn nach Namen und Herkunft zu fragen, offenbart Christian dem *Fremden,* der unbemerkt *hinter* ihn tritt, sein Inneres, folgt seinen Schritten und lässt sich von ihm willig auf den Runenberg schicken; und im Gespräch bringt der Unbekannte all das ins Wort, was Christian ohnehin fühlt und begehrt. Wie er kam, so verschwindet der Fremde ohne Lebewohl, um den *alten Schacht* aufzusuchen. Ganz so tauchen in der Seele – woher? – sich durchaus vernünftig gebende Motive und Vorstellungen auf, um alsbald zu verschwinden – wohin? – indes man ihnen fraglos folgt, weil sie irgendeiner Neigung schmeicheln.

»Endlich konnte er nicht weiter, der Pfad endigte unter einem Fens-ter, er musste stillstehen und wusste jetzt nicht, ob er umkehren, ob er bleiben solle. Plötzlich sah er ein Licht, das sich hinter dem alten Gemäuer zu bewegen schien. Er sah dem Scheine nach, und entdeckte, dass er in einen alten geräumigen Saal blicken konnte, der wunderlich verziert von mancherlei Gesteinen und Kristallen in vielfältigen Schimmern funkelte, die sich geheimnisvoll von dem wandelnden Lichte durcheinander bewegten, welches eine große weibliche Gestalt trug, die sinnend im Gemache auf und nieder ging. Sie schien nicht den Sterblichen anzugehören, so groß, so mächtig waren ihre Glieder, so streng ihr Gesicht, aber doch dünkte dem entzückten Jünglinge, dass er noch niemals solche Schönheit gesehn oder geahnet habe. Er zitterte und wünschte doch heimlich, dass sie zum Fenster treten und ihn wahrnehmen möchte. Endlich stand sie still, setzte das Licht auf einen kristallenen Tisch nieder, schaute in die Höhe und sang mit durchdringlicher Stimme. (...)

Nach geraumer Zeit näherte sie sich einem andern goldenen Schranke, nahm eine Tafel heraus, die von vielen eingelegten Steinen, Rubinen, Diamanten und allen Juwelen glänzte, und betrachtete sie lange prüfend. Die Tafel schien eine wunderliche unverständliche Figur mit ihren unterschiedlichen Farben und Linien zu bilden; zuweilen war, nachdem der Schimmer ihm entgegenspiegelte, der Jüngling schmerzhaft geblendet, dann wieder besänftigten grüne und blau spielende Scheine sein Auge: er aber stand, die Gegenstände mit seinen Blicken verschlingend, und zugleich tief in sich selbst versunken. In seinem Innern hatte sich ein Abgrund von Gestalten und Wohllaut, von Sehnsucht und Wollust aufgetan, Scharen von beflügelten Tönen und wehmütigen und freudigen Melodien zogen durch sein Gemüt, das bis auf den Grund bewegt war: er sah eine Welt von Schmerz und Hoffnung in sich aufgehen, mächtige Wunderfelsen von Vertrauen und trotzender Zuversicht, große Wasserströme, wie voll Wehmut fließend. Er kannte sich nicht wieder, und erschrak, als die Schöne das Fenster öffnete, ihm die magische steinerne Tafel reichte und die wenigen Worte sprach: »Nimm dieses zu meinem Angedenken!« Er fasste die Tafel und fühlte die Figur, die unsichtbar sogleich in sein Inneres überging, und das Licht und die mächtige Schönheit und der seltsame Saal waren verschwunden. Wie eine dunkele Nacht mit Wolkenvorhängen fiel es in sein Inneres hinein, er suchte nach seinen vorigen Gefühlen, nach jener Begeisterung und unbegreiflichen Liebe, er beschaute die kostbare Tafel, in welcher sich der untersinkende Mond schwach und bläulich spiegelte.

Noch hielt er die Tafel fest in seinen Händen gepresst, als der Morgen graute und er erschöpft, schwindelnd und halb schlafend die steile Höhe hinunterstürzte.«

Die große Frauengestalt ist zunächst deutlich als Wunschbild eines Jünglingstraumes zu erkennen. In ganz andere Richtung weist dann aber die Tafel, die sie Christian reicht, und deren geheimnisvolle Zeichen sich ungefragt in sein Inneres senken: Vorstellungen, Gedanken, Urteile können – einzeln und untereinander zusammenhängend – zur dauernden Grundlage von Standpunkten, von Verhaltens- und Empfindungsweisen werden, ohne dass sie wirklich durchdacht oder geprüft wurden. Dies kann auf Schwäche der Aufmerksamkeit oder fehlendem Denkwillen beruhen; aber auch Leidenschaften, Wünsche oder Ängste, welche mit den betreffenden Inhalten verknüpft sind, können diese Inhalte wie die Runenzeichen auf der Tafel des Bergweibes »unsichtbar in unser Inneres übergehen« lassen.

Der Jüngling wird schließlich durch die Mächte, denen er sich hingab, seiner Familie entfremdet, wird untätig, haltlos, und endet im Wahnsinn. Eine andere Märchenerzählung Tiecks, *Der blonde Eckbert* ist ein nicht minder ernstes Lehrstück, es handelt von der verhängnisvollen Gewalt der Erinnerung: Das Heraufholen des Wissens um eine alte Schuld führt zur Steigerung der ihr zugrunde liegenden Bosheit und zeitigt gleichfalls Irrsinn und Untergang.

Das Verständnis solcher Kräfte führt zum maßvollen Umgang mit dem, was im Reich des Unbewussten *unter* dem Menschen liegt, was ihm *gleicht* – wie der zunächst unwillkürliche Strom der Vorstellungen und die unreflektierte Urteilsbildung – und nicht zuletzt zur Pflege dessen, was als *zukünftiges* Seelensein *über* ihm steht. Gibt es doch auch lichte, aufbauende Kräfte, die in die Seele strahlen, ohne dass ihr Ursprung sogleich bewusst würde.

Der Arzt, der Erzieher, der Künstler, auch der geistig oder religiös strebende Mensch, gehen mit heilsamen Kräften um, welche durch die bloß ausschließende Bezeichnung ›un-bewusst‹ denkbar lose miteinander verknüpft und keineswegs ausreichend beschrieben sind. Das ursprüngliche Empfinden für Gerechtigkeit und Schönheit, die Frömmigkeit, die Regungen des Gewissens, überhaupt alle Ideale bilden eine lichte Hemisphäre über dem Horizont des Seelenlebens. Aus dem zukünftigen Umkreis der Seele strahlend gleichen sie in vielem den Gestirnen des äußeren Himmels: Sie sind zugleich unerreichbar und unendlich nahe, sie folgen einer eigenen inneren Ordnung, sie lenken und leiten als milde Licht- und Richtpunkte im Dunkeln. – Der Blick auf dieses innere Firmament rechtfertigt die alte, durch Geister wie Paracelsus wieder belebte Lehre vom ›astralen‹ oder ›siderischen‹ Seelenkörper – dem Sternenleib des Menschen.

9 Auf den Wassern zu singen

Die Anziehungskraft des als naturgegebenes Seelenreich an die Person grenzenden Unbewussten lässt sich kaum treffender veranschaulichen als durch Goethes Ballade vom Fischer:

> Das Wasser rauscht', das Wasser schwoll,
> Ein Fischer saß daran,
> Sah nach der Angel ruhevoll,
> Kühl bis ans Herz hinan.
> Und wie er sitzt und wie er lauscht,
> Teilt sich die Flut empor;
> Aus dem bewegten Wasser rauscht
> Ein feuchtes Weib hervor.

Dem Wesen, das da aufsteigt, ist die Welt des Menschen zuwider. Es lockt die Person mit Wohlgefühl, mit der Aussicht, sich nicht ändern zu müssen, ja es bietet ihr ›Therapie‹ im weitesten Sinne an:

> Sie sang zu ihm, sie sprach zu ihm:
> »Was lockst du meine Brut
> Mit Menschenwitz und Menschenlist
> Hinauf in Todesglut?
> Ach wüßtest du, wie's Fischlein ist
> So wohlig auf dem Grund,
> Du stiegst herunter, wie du bist,
> Und würdest erst gesund.

Unverhohlen appelliert es an die ›narzisstischen‹ Neigungen des Selbst:

> Labt sich die liebe Sonne nicht,
> Der Mond sich nicht im Meer?
> Kehrt wellenatmend ihr Gesicht
> Nicht doppelt schöner her?

Lockt dich der tiefe Himmel nicht,
Das feuchtverklärte Blau?
Lockt dich dein eigen Angesicht
Nicht her in ew'gen Tau?«

Kein Wunder, dass der Fischer sich dem Ruf des Wasserwesens überlässt, im Glauben, der Neigung seines Innersten zu folgen:

Das Wasser rauscht', das Wasser schwoll,
Netzt' ihm den nackten Fuß;
Sein Herz wuchs ihm so sehnsuchtsvoll,
Wie bei der Liebsten Gruß.
Sie sprach zu ihm, sie sang zu ihm;
Da war's um ihn geschehn:
Halb zog sie ihn, halb sank er hin,
Und ward nicht mehr gesehn.

Die triebhafte Schicht des Unbewussten tritt so an die Seele heran, dass sie durchaus beansprucht, deren Selbstheit zu *spiegeln*; und das Selbst erlebt das Schwinden seines bewussten Eigenseins gleichsam im letzten Augenblick noch als Ausfluß eigenen Tätigseins: »Halb zog sie ihn, halb sank er hin ...« Daraus folgt: Der Mensch ist für das Walten seiner Triebe *verantwortlich* – im Unterschied zum Tier, für dessen Verhalten umgekehrt die Triebe verantwortlich sind.

Die Spiegelung des Selbst-Bildes tritt auch im Erleben jener anderen Gebiete des Unbewussten auf, die wenig oder gar keine Verwandtschaft mit den fischleibigen Bewohnern der Tiefe haben. – Zwischen 1799 und 1803 hat Friedrich Hölderlin das Gedicht »Hälfte des Lebens« verfasst, welches sich als ein Zeugnis für die Tatsache lesen lässt, dass die Oberfläche des Unbewussten zum Spiegel für Schönheit und Reichtum des Lebens wird und die Seele – den Schwan – einlädt, sich ganz in diesem Bilde zu verlieren. Die Sehnsucht danach, sich dieser zweifellos reinen Wonne hinzugeben, wird verstärkt durch den Gegensatz, in dem sie zur kalten, trockenen Sphäre des nur im Denken erreichbaren steht; während in Goethes Ballade die Sirene den Fischer nur auf einen vergänglichen *Augenblick* der Wahl weisen kann, wird hier ein Ausblick in einen kommenden Zustand der Dauer eröffnet: Auf den *jenseits der Hälfte* liegenden Abschnitt des Lebensweges, welcher nichts zu versprechen scheint als den Winter der Seele:

Mit gelben Birnen hänget
Und voll mit wilden Rosen
Das Land in den See,
Ihr holden Schwäne,
Und trunken von Küssen
Tunkt ihr das Haupt
Ins heilignüchterne Wasser.

Weh mir, wo nehm ich, wenn
Es Winter ist, die Blumen, und wo
Den Sonnenschein,
Und Schatten der Erde?
Die Mauern stehn
Sprachlos und kalt, im Winde
Klirren die Fahnen.

Clemens Brentano hat sich von Hölderlins Versen anregen lassen und dabei nicht nur das als literarische Tradition bis zu einem Vers in Äschylus' *Agamemnon* zurückreichende Motiv des Schwanengesangs aufleben lassen, sondern darüber hinaus das Bild um einen neuen, überraschenden Zug bereichert: Der sterbende Schwan erblickt im Augenblick des Vergehens auf dem Wasser den Widerschein seines Sternbildes:

In dir ringelt die Träne, auf dir lächelt das Mondlicht,
Welle, bald Woge, bald Strom, wie dich das Ufer umkränzt,
Gifttrank und lieblicher Wein, wie dich die Schale umfasst.
Lethe wird nimmer in dir, Psychen ein Spiegel wohl oft,
Aber es tauchet der Schwan ins heilignüchterne Wasser
Trunken das Haupt, und singt sterbend dem Sternbild den Gruß.

Im 1811 verfassten *Schwanenlied* ließ Brentano den Schwan dann in die Winterhälfte des Daseins hinüberschwimmen:

Wenn die Augen brechen,
Wenn die Lippen nicht mehr sprechen,
Wenn das pochende Herz sich stillet
Und der warme Blutstrom nicht mehr quillet:
O dann sinke der Traum zum Spiegel nieder,
Und ich hör' der Engel Lieder wieder,
Die das Leben mir vorüber trugen,
Die so selig mit den Flügeln schlugen ...
(...)
Stille wird's, es glänzt der Schnee am Hügel
Und ich kühl' im Silberreif den schwülen Flügel,
Möcht' ihn hin nach neuem Frühling zücken,
Da erstarret mich ein kalt Entzücken –
Es erfriert mein Herz, ein See voll Wonne
Auf ihm gleitet still der Mond und sanft die Sonne
Unter den sinnenden, denkenden, klugen Sternen
Schau' ich mein Sternbild an in Himmelsfernen ...

Der Schwan vermag also, dem ›Winter‹ *Wonne* abzugewinnen, und mehr noch: Die Kälte lässt das Wasser erstarren, es wird vollends zum *Spiegel*, der erlaubt, das Sternbild anzuschauen.

10 Rumpelstilzchen

Der Spiegel – so heißt eine Novelle des brasilianischen Erzählers Francisco Machado de Assis (1839–1908); ihr Untertitel lautet: »Entwurf einer neuen Theorie der menschlichen Seele« – und ihr Inhalt hält, was der Untertitel verspricht. In Santa Theresa, einem hochgelegenen, vornehmen Stadtteil von Rio de Janeiro, trifft sich regelmäßig eine an »metaphysischen Fragen« interessierte Herrenrunde. Eines Abends gelingt es, einen bisher nur durch beharrliches Schweigen aufgefallenen Tischgenossen zum Reden zu bringen:

»Jedes menschliche Geschöpf trägt zwei Seelen mit sich herum: eine, die von innen nach außen sieht, eine zweite, die von außen nach innen sieht ... Wundern Sie sich nach Belieben! Sperren Sie Mund und Augen auf, zucken Sie mit den Achseln, tun Sie, was Sie wollen! Aber unterbrechen Sie mich nicht! Wenn Sie mir dreinreden, rauche ich meine Zigarre zu Ende und gehe schlafen.

Die äußere Seele mag ein Geist sein, ein Fluidum, ein Mensch, viele Menschen, ein Gegenstand, eine Tätigkeit. Es gibt zum Beispiel Fälle, in denen ein einfacher Hemdenknopf die äußere Seele einer Person ist – oder auch die Polka, das Lomberspiel, ein Buch, eine Maschine, ein Paar Stiefel, eine Melodie, eine Trommel und so weiter.

Es ist klar, dass die Aufgabe der zweiten Seele darin besteht, gleich der ersten Leben zu vermitteln. Beide zusammen machen erst den Menschen aus, der, metaphysisch gesprochen, eine Orange ist. Wer eine der beiden Hälften verliert, verliert damit natürlich eine Hälfte seiner Existenz, und es gibt nicht wenige Fälle, bei denen der Verlust der äußeren Seele den der gesamten Existenz nach sich zieht.«[18]

Zunächst scheint es, als sei eine geistreiche Form von Gesellschaftskritik gemeint:

»Was mich betrifft, so kenne ich eine – übrigens bezaubernde – Dame, die ihre äußere Seele fünf-, sechsmal im Jahr wechselt. Während des Theaterwinters ist diese Seele die Oper; nachher vertauscht sie sie mit einer anderen äußeren Seele: mit einem Konzert, einem Casino-Ball, der Rua do Ouvidor, mit Petrópolis ...«

»Verzeihen Sie, wer ist diese Dame?«

»Diese Dame ist eine Verwandte des Teufels und hat denselben Namen: ihr Name ist Legion ... Dergleichen Fälle gibt es ungezählte.«

Schließlich löst der Redner sein Versprechen ein, die neue Theorie durch ein Beispiel aus seinem eigenen Leben zu verdeutlichen: Mit fünfundzwanzig Jahren wurde er überraschend als einziger unter einer großen Schar von Anwärtern zum Fähnrich befördert. Niemand ist stolzer darüber als der Kreis seiner Lieben; Angehörige und Freunde nennen ihn jetzt nur noch »unseren Fähnrich«. Das Treiben erreicht seinen Höhepunkt, als er eine Tante auf ihrem Landgut besucht; diese exaltierte Dame stellt durch ihr Gehabe allen bisherigen ›Fähnrichskult‹ in den Schatten. Am Ende lässt sie ihrem Gast einen großen, kostbaren Spiegel aus altem Familienbesitz ins Zimmer stellen. All das bewirkt in dem jungen Mann einige Veränderung:

»Der Fähnrich verdrängte in mir den Menschen. Einige Tage lang hielten die beiden Naturen einander die Waage; es dauerte jedoch nicht lange, bis die ursprüngliche der neuen wich, so dass nur ein winziger Teil von Menschlichkeit in mir übrig blieb. Auf diese Weise veränderte die äußere Seele, die vorher die Sonne, die Landschaft, die Augen junger Mädchen gewesen waren, ihre Natur und verwandelte sich in die Höflichkeit und das Entgegenkommen meiner Gastgeber, mithin in alles, was mich an meine Stellung erinnerte, also in nichts von dem, was an mich als Menschen gemahnte. Der einzige Teil meines Ich, der mir verblieb, war jener, der mit der Ausübung meines Patentes zu tun hatte; der gesamte andere Teil löste sich in Luft und Vergangenheit auf. Das ist schwer zu glauben, nicht wahr?«

Bald aber muss die Tante wegen eines Notfalles in der Familie plötzlich abreisen; die mit dem Jüngling zurückgebliebenen Sklaven überbieten sich an Ehrbezeigungen – um in der ersten Nacht allesamt zu flüchten. Nun ist der Fähnrich allein, und er fällt schnell in einen Zustand krankhafter Niedergeschlagenheit, weil seine zweite Seele nun keinen Halt mehr in den Reden der Mitmenschen findet. An der Schwelle zum Wahnsinn beschließt er, in dem besagten Spiegel sein verlorenes Selbst zu suchen:

»Ich blickte hinein und fuhr zurück. Die Spiegelscheibe schien sich mit der übrigen Welt gegen mich verschworen zu haben. Sie gab mein Gesicht nicht klar und deutlich wieder, sondern unbestimmt, verschwommen, verwischt, als Schatten eines Schattens. Die Wirklichkeit der physikalischen Gesetze gestattet mir nicht, zu leugnen, dass der Spiegel mich sicher treu, mit genau denselben Zügen und Umrissen wiedergab; er muss es getan haben. Aber mein Eindruck war ein anderer.

Nun kam die Angst über mich; ich schrieb die Erscheinung nervlicher Überreiztheit zu, ich fürchtete, den Verstand zu verlieren, wenn ich länger dabliebe. Ich gehe fort, sagte ich zu mir. Mit einer fahrigen und zugleich entschlossenen Gebärde hob ich die Hand und blickte dabei in den Spiegel; dort war die Geste, aber zerfleddert, zerschlissen, entstellt ... Ich begann mich anzuziehen, dabei murmelte ich vor mich hin, hustete, ohne von Husten geplagt zu sein, schüttelte geräuschvoll meine Kleider und beklagte mich mit tonloser Stimme bei meinen Knöpfen, nur um etwas zu sagen. Von Zeit zu Zeit blickte ich verstohlen in den Spiegel; das Bild war der gleiche Wirrwarr von Linien, der gleiche Verfall von Umrissen ...«

In dieser höchsten Not dann der rettende Einfall:

»Mir fiel ein, meine Fähnrichsuniform anzuziehen. Ich zog sie an und machte mich paradefertig. Als ich so vor dem Spiegel stand, hob ich die Augen und – was soll ich Ihnen sagen? – das Glas gab mein Gesicht klar wieder; es fehlte keine Linie, nicht das geringste Stückchen Umriß war entstellt. Ich war es, ja, der Fähnrich, der endlich seine äußere Seele wiedergefunden hatte. Diese Seele, die mit der Gutsherrin abgezogen, die mit den Sklaven in alle Winde zerstoben und entflohen war, hier war sie wieder vollständig im Spiegel. Stellen Sie sich einen Mann vor, der, allmählich aus tiefer Bewusstlosigkeit erwachend, die Augen aufschlägt, zunächst noch blind, dann aber zu sehen beginnt, die Personen von den Gegenständen zu unterscheiden lernt, sie aber zunächst nicht im einzelnen erkennt. Schließlich weiß er, dass dieser Hinz, jener Kunz, dass dieses ein Stuhl, jenes ein Sofa ist. Alles wird wieder, wie es vor dem Koma war. So ging es mir. Ich blickte in den Spiegel, ging von einem Ende des Raumes zum anderen, machte einen Schritt zurück, entwarf Gebärden, lächelte, und die Scheibe gab alles getreulich wieder. Ich war kein Automat mehr, ich war ein belebtes Wesen. Von jenem Tag an wurde ich ein anderer. Jeden Tag zu einer bestimmten Stunde zog ich meine Fähnrichsuniform an und setzte mich vor den Spiegel, lesend, umherblickend, nachdenkend. Nach zwei, drei Stunden zog ich mich wieder aus. An Hand dieses Programms gelang es mir, weitere sechs Tage der Einsamkeit zu überstehen, ohne sie zu fühlen.«

Die gesellschaftlichen Verhältnisse, in denen man lebt; die Stellung, der Bildungsgang und manches andere schlagen sich in Gewohnheiten, Einseitigkeiten, Abneigungen und Vorlieben nieder, und diese bilden dann die Grundlage für das Selbstbewusstsein, auch für Eitelkeiten oder Minderwertigkeitsgefühle, die endlich beanspruchen, das Selbst zu sein. – Die Uniformen und Kostüme des Lebens drängen den Menschen in die zu ihnen gehörenden Rollen – und er spielt mit!

Der Inbegriff des Kostüms und der Rolle aber ist die *Maske.* Denn sie verhüllt das *Antlitz,* also jenen Teil der Gestalt, der am meisten vom Wesen des Einzelnen offenbart. Maske aber heißt auf lateinisch *persona,* ein Wort, dem das Bild des Hindurch-Tönens zugrunde liegt: Die Stimme des Schauspielers tönte durch die Masken, die in der Antike das theatralische Mienenspiel ersetzten.

So grotesk die Geschichte von dem Fähnrich anmutet, es liegt in ihr doch die Wahrheit: Ganz ohne ›zweite Seele‹ vermag der Mensch nicht auszukommen. Er braucht zunächst ein Bild von sich selbst, um sich daran zu halten, und er darf dieses Bild, das man auch die Person nennen kann, durchaus als Antwort auf die Frage ›*Wer* bin ich?‹ gelten lassen. Doch er tut gut daran, zu bedenken, dass es ihm eines Tages ergehen könnte, wie dem *Golem* der chassidischen Anekdote:

»Rabbi Chanoch erzählte: Es gab einmal einen Toren, den man den Golem nannte, so töricht war er. Am Morgen beim Aufstehen fiel es ihm immer so schwer, seine Kleider zusammenzusuchen, dass er am Abend, dran denkend, oft Scheu trug, schlafen zu gehen. Eines Abends fasste er sich schließlich ein Herz, nahm Zettel und Stift zur Hand und verzeichnete beim Auskleiden, wo er jedes Stück hinlegte. Am Morgen zog er wohlgemut den Zettel hervor und las »die Mütze« – hier war sie, er setzte sie auf, »die Hosen« – da lagen sie, er fuhr hinein, und so fort, bis er alles anhatte. »Ja aber, wo bin ich denn?«, fragte er sich nun ganz bang, »wo bin ich nur geblieben?« Umsonst suchte und suchte er, er konnte sich nicht finden. – So geht es auch uns, sagte der Rabbi.« [19]

Das Erschrecken des armen Toren erinnert daran, dass Maske und Kostüm, mit ihrer Antwort auf das ›*Wer* bin ich?‹ nur Vorläufiges aussagen können. Das Ende der Vorläufigkeit muss nicht immer so schreckhaft eintreten, wie es für Machados Fähnrich oder für den Golem geschah. Goethe hat in den *Zahmen Xenien* ein Bekenntnis abgelegt, welches vermuten lässt, dass es ihm gelang, sich von den Hüllen der Vergangenheit zu lösen und besonnen nach dem zu fragen, was sich in Maske und Kostüm kleidet:

> Vom Vater hab ich die Statur,
> Des Lebens ernstes Führen,
> Von Mütterchen die Frohnatur
> Und Lust zu fabulieren.
> Urahnherr war der Schönsten hold,
> Das spukt so hin und wieder,
> Urahnfrau liebte Schmuck und Gold,
> Das zuckt wohl durch die Glieder.
> Sind nun die Elemente nicht
> Aus dem Komplex zu trennen,
> Was ist denn an dem ganzen Wicht
> Original zu nennen?

Das alte Wort »Wicht« bedeutete ursprünglich ›Ding‹ oder ›Sache‹ und man gebrauchte es, um von den Kobolden zu sprechen, weil man deren Namen nicht zu nennen wagte. Dass Goethe damit jenes Wesen bezeichnete, das im Menschen nicht ganz Mensch ist, bedeutet: Er hatte *Rumpelstilzchens* wahren Namen erkannt!

Was aber gibt mir selbst die Gewissheit, dass ich nicht Wicht bin, sondern Mensch? Diese Frage verschiebt im Zusammenhang des ›Wer bin ich?‹ das Gewicht vom *wer* auf das *bin* …

Zweite Woche

WER *BIN* ICH?
Erfahrungsseelenkunde und Ich-Erkenntnis

> Und ich werde ihm einen weißen Stein geben
> in den ein neuer Name eingeschrieben ist,
> den niemand kennt außer dem, der ihn empfängt.
>
> Offb. 2,17

11 Haarspalterei

»Der in die ganze Natur, in so manche Quelle und in so manches Kraut heilenden Balsam legte, um den kranken, hinfälligen Körper zu stärken und wiederherzustellen, sollte der nicht auch eine Arznei geschaffen haben für kranke, verwundete Seelen? (…) Was sind das für bleiche, entstellte, von heimlichen Sünden gebrandmarkte Gesichter, worauf die Blüte der Unschuld in der Knospe verwelkt ist? (…) Ich will mein Antlitz verbergen, und weinen, dass der Mensch so entstellt ist – dass von der frühesten Jugend an das Gift in seine Adern schleicht, welches den Keim zu edlen Taten in ihm erstickt, seine Nerven erschlafft, und ihn unter das Joch der Sklaverei darnieder drückt. Klagen will ich, dass der Mensch sich nicht mehr unterscheidet, von dem, was ihn umgibt; dass der blitzende Edelstein ganz in Blei gehüllt ist …«[20]

Diese Klage steht in dem kleinen Aufsatz *Zur Seelenheilkunde*, den Karl Philipp Moritz um 1780 für das von ihm begründete und herausgegebene Magazin ΓΝΩΘΙ ΣΑΥΤΟΝ[21] verfasste. Das Magazin war dem Entwurf einer ›Erfahrungsseelenkunde‹ gewidmet, der ohne Beispiel in der Geschichte der Seelenkunde war und lange ohne Anknüpfung blieb. Es zeugt von der einfühlsamen, an eigenem Lebensleid gewachsenen Beobachtungsgabe ihres liebenswerten Herausgebers und von seinem Anliegen, die Seele des Menschen von einem frei in ihr waltenden Mittelpunkt her zu verstehen.

In seinem, wie er sagt »psychologischen« Roman *Anton Reiser* hat Moritz seinen Weg zur Erfahrungsseelenkunde beschrieben. – Er wuchs in einem pietistischen Elternhaus auf und tauchte schon früh in die Innerlichkeit ein, die der fromme Eifer seines Vaters in ihm weckte; die äußerste Armut seiner Lebensumstände verwies das Kind und später den Gymnasiasten auf den inneren Reichtum an Wissen und Bildung. Seine große Begabung aber lag in der Fähigkeit, sich mit seinem Selbst in einen Zustand zu erheben, der ihn über seine eigenen Freuden und Leiden staunen ließ, und dann von dieser Warte aus die Fragen zu stellen, in denen sich die später von ihm entworfene Wissenschaft vorbereitete:

»Ehe ich daher in der Betrachtung des menschlichen Elends einen Schritt weiter gehe, suche ich festen Fuß zu fassen, indem ich mir den tröstenden, durch Erfahrung geprüften Gedanken denke, dass es in der Macht des Menschen steht, sich der Notwendigkeit freiwillig zu unterwerfen – dass sein eigentliches Ich dem Unglück keinen einzigen Berührungspunkt darbietet, dass dieses nur mit seiner Umgebung spiele, aber ihn selbst nicht erschüttern kann; dass in jedem Augenblick seines Daseins in seiner Macht steht, sich in sich selbst zurückzuziehen, und alles, was ihn umgibt, freiwillig dem Zufall preiszugeben ...«[22]

Wer heute die Beiträge liest, die Moritz für sein Magazin verfasste, dem kann es Mühe bereiten, sich durch gewisse Abschnitte hindurchzufinden, in denen er sich von zwei Neigungen seiner Zeit mitreißen lässt: Einerseits die von der Aufklärung angeregte Verstandesfreudigkeit, andrerseits das von der Empfindsamkeit gepflegte Schwelgen in Gefühlserlebnissen. Dazwischen aber finden sich immer wieder, wie die Perlen in den Muscheln,

Augenblicke, in denen Moritz das Erfühlte und Bedachte kraftvoll vom innerlich erhöhten Ort her zusammenfasst:

»Wie kommt es, dass wir sagen können: meine Seele, mein Körper? Sind wir denn noch etwas Verschiedenes von Seele und Körper, dass wir beide nicht uns selbst, sondern nur die unsrigen nennen? Wer die meisten und sonderbarsten Situationen erlebt hat, muss auch das stärkste Selbstgefühl besitzen. Wohl zu merken, wenn sie fähig waren, einen starken Eindruck auf ihn zu machen. Es kann einer ein herrliches Gemälde angaffen, und wenig mehr dabei empfinden, als das Gemälde, das von ihm angegafft wird.

Der Mensch ist ein Bild Gottes. Er tut alle Augenblicke Wunder und weiß es nicht. Ein unkörperlicher Gedanke Gottes war fähig, eine körperliche Welt zu schaffen, und zu regieren: ein unkörperlicher Gedanke des Menschen kann den Mund zum Reden öffnen und den Fuß zum Gehen emporheben.

›Regieren meine Gedanken so den Körper, wie Gottes Gedanken die Welt regieren?‹

Unmittelbar sind die Gedanken von tausend Menschen nicht fähig, ein Sandkorn aus der Stelle zu bringen; durch Hülfe des Körpers können sie Städte bauen. Wie nötig ist ein Körper unsern Gedanken. Als der Ewige dachte, die Menschen glücklich zu machen, da musste ein Gedanke einen Körper annehmen.«[23]

Unter der Überschrift »Selbstgefühl« notierte Moritz diese Überlegungen, in denen er in einer geistesgeschichtlichen Auseinandersetzung Stellung bezieht, deren Herkommen ihm kaum bewusst gewesen sein dürfte, deren Tragweite aber sein Lebenselement war: Die Entwicklung der abendländischen Seelenkunde kann als Kampf zwischen zwei Lagern verstanden werden: auf der einen Seite steht die jahrhundertelang durch mächtige Institutionen geförderte Anschauung, die im Jahr 869 in einer Anmerkung den Akten des Konzils von Konstantinopel beigefügt wurde, und so den Rang eines Dogmas erhielt:

»Während das Alte und das Neue Testament lehren, dass der Mensch eine verständige und vernünftige Seele habe, und alle in Gott redenden Väter und Lehrer der Kirche diese Meinung bekräftigen, sind einige bis zu einem solchen Grade der Gottlosigkeit herabgesunken, indem sie sich der Erfindung von Übeln hingeben, dass sie schamlos behaupten, er habe zwei Seelen, und mit unvernünftigen Beweisführungen (...) ihre eigene Ketzerei zu befestigen sich bemühen. Deshalb: in dem Bestreben, dieses ganz schlechte Unkraut (...) rasch auszureißen, (...) verdammt diese heilige und allgemeine Synode die Erfinder und Verbreiter dieser Gottlosigkeit mit lauter Stimme. Sie bestimmt und verkündet, dass niemand künftig die Behauptungen der Erfinder dieser Gottlosigkeit besitzen oder bewahren dürfe. Wenn aber jemand es unternehmen sollte, dieser heiligen und großen Synode zuwider zu handeln, so sei er verflucht und als ein Fremdling vom Glauben und Kultus der Christen ausgeschlossen.«[24]

Gleich, ob der Konzilsbeschluss selbst schon Ausfluss oder erst Ursprung der mit ihm verbundenen Strömung ist – es steht fest, dass die Ablehnung des in Leib, Seele *und Geist* gegliederten Menschenbildes bis heute nachwirkt, und dies weit über den Geltungsbereich theologischer Lehrsätze hinaus, auch wenn die Tage lange vorbei sind, da es manchen Gottesgelehrten nötig schien, die Anschauung von der Dreiheit des Menschenwesens lächerlich zu machen, indem sie ihre griechische Bezeichnung ›Trichotomie‹ mit ›Haarspalterei‹ übersetzten. Ob man nun die geistige Betätigung des Menschen als beigeordneten Zustand der Seele betrachtet, oder ob man so verschwommene Vorstellungen vom Geiste hat, dass letzterer in der Seele aufgeht – der wesentliche Unterschied zwischen beiden bleibt nach wie vor unbeachtet.

Dieser Haltung gegenüber steht die kleine Schar von Denkern, Mystikern und Theologen, welche das Wissen um den Geist als drittes Glied der Menschennatur bewahrten und jenes andere, große und stille Konzil durch die Jahrhunderte hin fortsetzten. Wenn Moritz seinen Standpunkt auch nicht ohne Einflüsse von dieser Seite gewonnen haben mag – die Kraft und den Willen dazu fand er in sich selbst. Sein *Anton Reiser* kann als Zeugnis jener ›Haarspalterei‹ gelesen werden, die Moritz mit seiner Erfahrungsseelenkunde der Kultur einverleiben wollte. Dass dies nicht gelang, ist nicht seine Schuld.

In der auf ihn folgenden Generation machten von der Romantik beeinflußte Ärzte und Naturforscher wie Gotthilf Heinrich Schubert, Carl Gustav Carus, Franz von Baader, Justinus Kerner oder Franz Anton Mesmer die Welt der Träume, das Unbewusste und überhaupt verborgene Kräfte der menschlichen Natur und des Jenseits zum Inhalt der Psychologie. Die hohen Ziele, welche diese Männer leiteten, hat Carus im Vorwort zu seiner *Psyche* durch ein Gleichnis bezeichnet, das er einem mittelalterlichen Denker entlehnte. Er widmete sein Werk nämlich:

»Den Seelen, denen es schon in früher Zeit der Entwicklung ihres Geistes keine Ruhe lässt, dem eingeborenen Streben nach Selbsterkenntnis zu genügen, den Seelen, welche fortwährend vom inneren Sehnen getrieben nach der Speise sich umtun, welche schon Dante ›das Brot der Engel‹ nannte …«

Am hohen Ziel ist auch die Tiefe der Tragik zu messen, in der die romantische Seelenforschung endete, und die in vieler Hinsicht bis heute fortwirkt, eine Tragik, welche einen Grundsatz der Pythagoräischen Weihen bestätigt, der durch Jamblichos überliefert ist:

»Wenn jemand in einen tiefen Brunnen voll Schlamm reines und klares Wasser gießt, so wühlt er nur den Schlamm auf und macht überdies das Wasser undurchsichtig. (…) Denn dichtes, verwachsenes Gestrüpp wuchert um Geist und Herz der nicht in reiner Art in die Wissenschaften Eingeweihten, es verdunkelt völlig den milden, sanften denkfähigen Seelenteil und hindert den denkenden Geist, frei zu wachsen und ans Licht herauszutreten.«[25]

Es ist heute heilsamer denn je, sich darauf zu besinnen, dass Moritz einen Zeitgenossen hatte, dem es gelang, die Lehre vom Inneren Wesen des Menschen in das volle Licht des Geistes zu stellen.

12 Der jüngste Mythos

Es war die Ich-Philosophie des Idealismus, die gleichzeitig mit der Erfahrungsseelenkunde einen neuen, voraussetzungslosen Zugang zum geistigen Wesen des Menschen erschloß. Das ›Ich‹ war in der philosophischen Menschenkunde von Anfang an gesucht und berührt worden. Gelehrte Begriffe wie: Entelechie, Nus, Hegemonikon, Selbst, Individualität entsprangen diesen Bemühungen. Nie jedoch strahlte von ihnen eine solch befeuernde Kraft aus, wie sie sich etwa ab 1792 in den Schriften des jungen Johann Gottlieb Fichte mit dem Begriff des ›Ich‹ verbindet. Fichte wollte ein neues Zeitalter des Denkens einleiten, und immerhin ist es ihm gelungen, eine bis heute wirksame Herausforderung in die Welt zu stellen, indem er dem Menschen zurief: *Als Ich erschaffst du dich selbst!* An diesem Weckruf mussten sich die Geister scheiden. Die damit verbundene Dramatik lässt sich anhand von Zeitzeugen-Berichten wie dem des norwegisch-deutschen Naturphilosophen Hendrik Steffens nachfühlen:

»Als Fichte hervortrat, schrie man über die abstruse Grübelei, die den jungen Mann von aller Wirklichkeit entfernte, die ihn verlockte, sich mit leeren metaphysischen Spitzfindigkeiten zu beschäftigen, ihn einem inneren, nie zu schlichtenden Zwiespalt, ja wohl sogar dem Wahnsinn preisgab. Und dennoch ist es gewiss, dass eben aus der Fichteschen Schule junge Männer hervorgingen, die mit einem wahrhaft praktischen Sinne eine große Begeisterung verbanden. Der Begriff persönlicher Unabhängigkeit ward jetzt nicht so aufgefasst, als solle man sich von der Welt trennen und in leerer Tatenlosigkeit klagend verharren; die Freiheit erkannten die jungen Männer in der aus der Selbstbestimmung hervorgehenden Tat; diese aber verwirklichte sich nicht dadurch, dass sie sich über bestehende Verhältnisse in leeren Klagen äußerte; dadurch vielmehr, dass sie das Gegebene anerkannte, aber auch zu beherrschen wusste.«[26]

Da einmal der Anstoß gegeben war, wurde das Denken und Sinnen über das Ich allenthalben aufgegriffen, vertieft und fortgeführt. Auf der Höhe der philosophischen Gedankenarbeit folgten Fichte Schüler, Mitstreiter und Nachfolger in der Schule des Idealismus, aber auch Dichter und Theologen blieben nicht abseits stehen. Dabei gilt bis auf den heutigen Tag, was Hendrik Steffens zum Schluss des eben zitierten Abschnitts bemerkt: »Fichte hat wenig Philosophen gebildet, aber viele tüchtig gesinnte Menschen.«

Die Idee des Sich-selbst-Erschaffens erhielt bald einen heute vergessenen griechischen Namen: *Heautogonie*. Sie ist, ungehindert von dem hohen Grad an Wissenschaftlichkeit, der bei ihrer Begründung waltete, etwas, was jedem Menschen zugänglich ist: ein *Mythos* – und zwar der jüngste Mythos der Menschheit. Aus reiner Gedanklichkeit wird am Firmament der Seele ein Stern geboren, die Idee des sich selbst erschaffenden Ich, ein Wesen, das zunächst jenseits des Hier und Jetzt wohnt, ein Ziel immerwährenden Verlangens und Strebens, das sich auch in Bild und Wort ankündigt: Im Mythos eben.

Der Schwan erhebt jetzt sein Haupt und löst den Blick von der Spiegelung seines Sternbildes. Er regt die Schwingen, um seinem himmlischen Urbild entgegen zu fliegen. So erfüllt sich das Wort aus den *Enneaden* des Plotin: »Gibt es auch von dem einzelnen eine Idee? Nun, wenn Ich und jeder einzelne sich auf das Geistige zurückführt, so muss auch das Prinzip jedes einzelnen im Geistigen liegen.«[27]

*

Aus dem Grundsatz der Heautogonie folgen alle anderen Offenbarungen des Ich, die jede nur denkbare Antwort auf die Frage ›Wer *bin* ich?‹ enthalten. Hören wir zunächst Fichte über die Erhöhung, welche so die Gleichheit unter den Menschen erfährt:

»Trennt die zwei letzten nachbarlichen Stäubchen, die ihn jetzt umgeben; er wird noch sein; und er wird sein, weil er es wollen wird. Er ist ewig, durch sich selbst und aus eigener Kraft. (...) Das ist der Mensch; und das ist jeder, der sich sagen kann: Ich bin Mensch. Sollte er nicht eine heilige Ehrfurcht vor sich selbst tragen, und schaudern und erbeben vor seiner eigenen Majestät! – Das ist jeder, der mir sagen kann: ich bin.

Wo du auch wohnest, du, der du Menschenantlitz trägst; – ob du auch noch so nahe grenzend mit dem Tiere, unter dem Stecken des Treibers Zuckerrohr pflanzest, oder ob du an des Feuerlandes Küsten dich an der nicht durch dich entzündeten Flamme wärmst, bis sie verlischt, und bitter weinst, dass sie sich nicht selbst erhalten will, – oder ob du der verworfenste, elendste Bösewicht scheinest – du bist darum doch, was ich bin: Denn du kannst mir sagen: Ich bin. Du bist darum doch mein Gesell und Bruder ...«[28]

Von der aus der Selbstschöpfung folgenden ewigen Dauer spricht Schiller:

»Die Person, die sich in dem ewig beharrenden Ich und nur in diesem offenbart, kann nicht werden, nicht anfangen in der Zeit, weil vielmehr umgekehrt die Zeit in ihr anfangen, weil dem Wechsel ein Beharrliches zum Grund liegen muss. (...) Die Materie der Tätigkeit also oder die Realität, welche die höchste Intelligenz aus sich selber schöpft, muss der Mensch erst empfangen, und zwar empfängt er dieselbe als etwas außer ihm befindliches im Raume und als etwas wechselndes in der Zeit auf dem Wege der Wahrnehmung. Diesen in ihm wechselnden Stoff begleitet sein niemals wechselndes Ich – und in allem

Wechsel beständig er selbst zu bleiben, alle Wahrnehmung zur Erfahrung, das heißt zur Einheit der Erkenntnis, und jede seiner Erscheinungsformen in der Zeit zum Gesetz für alle Zeiten zu machen, ist die Vorschrift, die durch seine vernünftige Natur ihm gegeben ist. Nur indem er sich verändert, *existiert* er; nur indem er unveränderlich bleibt, existiert *er*. Der Mensch vorgestellt in seiner Vollendung, wäre demnach die beharrliche Einheit, die in den Fluten der Veränderung ewig dieselbe bleibt.«[29]

Schelling weiß, dass er sich dieser Ewigkeit jederzeit vergewissern kann:

»Uns allen wohnt ein geheimes, wunderbares Vermögen bei, uns aus dem Wechsel der Zeit in unser innerstes, von allem, was von außen hinzukam, entkleidetes Selbst zurückzuziehen und da unter der Form der Unwandelbarkeit das Ewige in uns anzuschauen.«[30]

Was sich ewig erschafft, ist ewig jung! Hierzu Schleiermacher:

»Das sei der Ruhm, den ich suche, zu wissen, dass unendlich mein Ziel ist, und doch nie still zu stehen im Lauf (...) Nie werde ich mich alt dünken, bis ich auch fertig wäre; aber nie werde ich fertig sein, weil ich weiß und will, was ich soll. (...) Bis ans Ende will ich stärker werden und lebendiger durch jedes Handeln, und liebender durch jedes Bilden an mir selbst. (...) Dem Bewusstsein der inneren Freiheit und ihres Handelns entsprießt ewige Jugend und Freude. Dies habe ich ergriffen, und lasse es nimmer, und so sehe ich lächelnd schwinden der Augen Licht, und keimen das weiße Haar zwischen den blonden Locken. Nichts, was geschehen kann, mag mir das Herz beklemmen: frisch bleibt der Puls des inneren Lebens bis an den Tod.«[31]

Goethe weiß wie Moritz, dass es dem Ich gegeben ist, sich in sich selbst zurückzuziehen, und erinnert daran, dass diese Fähigkeit nicht nur im Unglück, sondern auch bei mancherlei anderen Prüfungen wirksam ist:

»Sie haben mich fühlen lassen, dass außer der Neigung noch etwas in uns ist, das ihr das Gleichgewicht halten kann, dass wir fähig sind, jedem gewohnten Gut zu entsagen und selbst unsere heißesten Wünsche von uns zu entfernen. Sie haben mich in diese Schule durch Irrtum und Hoffnung geführt; aber beide sind nicht mehr nötig, wenn wir uns erst mit dem guten und mächtigen Ich bekannt gemacht haben, das so still und ruhig in uns wohnt und solange, bis es die Herrschaft im Hause gewinnt, wenigstens durch zarte Erinnerungen seine Gegenwart unaufhörlich merken lässt.«[32]

Doch nicht allein Verschiedenheit und Abstand von den Dingen der Welt, auch Weltoffenheit eignet dem Ich; dazu Hegel:

»Etwas allgemein machen heißt, es denken: ›Ich‹ ist das Denken und ebenso das allgemeine. Wenn ich Ich sage, so lasse ich darin jede Besonderheit fallen, den Charakter, das Naturell, die Kenntnisse, das Alter. Ich ist ganz leer, punktuell, einfach, aber tätig in dieser Einfachheit. Das bunte Gemälde der Welt ist vor mir: Ich stehe ihm gegenüber und hebe bei diesem Verhalten den Gegensatz auf, mache diesen Inhalt zu dem meinigen. Ich ist in der Welt zuhause, wenn es sie kennt, noch mehr, wenn es sie begriffen hat.«[33]

Fichte ahnt, dass das Ich nicht nur in der irdischen Welt lebt, der es sich aufgrund der in ihm vereinten Empfänglichkeiten der Sinne öffnet, sondern auch jenem Universum, das Novalis auf dem ›Weg nach innen‹ sucht. Wie Moses vom Berg Nebo aus in das Gelobte Land blickte, so schaut Fichte in diese Welt hinüber:

»Es verschwindet vor meinem Blicke und versinkt die Welt, die ich noch soeben bewunderte. In aller Fülle des Lebens; der

Ordnung und des Gedeihens, welche ich in ihr schaue, ist sie doch nur der Vorhang, durch die eine unendlich vollkommenere mir verdeckt wird, und der Keim, aus dem diese sich entwickeln soll. Mein Glaube tritt hinter diesen Vorhang, und erwärmt und belebt diesen Keim. Er sieht nichts Bestimmtes, aber er erwartet mehr, als er hienieden fassen kann, und je in der Zeit wird fassen können.

So lebe und so bin ich, und so bin ich unveränderlich, fest und vollendet für alle Ewigkeit; denn dieses Sein ist kein von außen angenommenes, es ist mein eigenes, einiges wahres Sein und Wesen.«[34]

13 Der Ring am Himmel

Insofern das Ich der Träger des *Bewusstseins* ist, ist die Selbsterschaffung eine *Selbsterweckung*. Schon im Augenblick des Aufmerkens oder der inneren Sammlung kann das tätige Erwachen aufblitzen. In seiner Tiefe hat es Fichte erfasst:

»Das Ich, als philosophierendes Subjekt, ist unstreitig nur vorstellend; das Ich als Objekt des Philosophierens könnte wohl noch etwas mehr sein. Das Vorstellen ist die höchste und absolut-erste Handlung des Philosophen, als solchen; die absolut erste Handlung des menschlichen Geistes könnte wohl eine andere sein.«[35]

Es ist sinnvoll, statt »Vorstellen« zu sagen: denkendes Bewusstsein; Fichte neigte nämlich dazu, das Tätigsein des Ich, also seine Willensseite in den Vordergrund zu stellen, so weit gehend, dass er im Ich den Schöpfer oder Mit-Schöpfer der Welt sah. Die Beobachtung des Denkens zeigt aber, dass die gedachten Begriffe und Ideen ihren Inhalt und Zusammenhang ganz aus sich heraus offenbaren, ohne dass der Wille Einfluß darauf hätte. Ein grober Vergleich mag dies verdeutlichen: Die Kraft, die nötig ist, um den schweren Deckel einer Truhe zu öffnen, hat nichts mit der Herstellung der in ihr vielleicht enthaltenen Schätze zu tun …

»Philosophieren« – damit ist eine Erkenntnis gemeint, welche nicht bloß zur völligen Klarheit über das Wesen ihres Gegenstandes gelangt, sondern auch zur völligen Sicherheit bezüglich ihrer selbst. Die Wissenschaft hiervon heißt *Erkenntnistheorie*, und das Werkzeug dieser selbstgewissen Erkenntnis ist wiederum das Denken, genauer: das Denken über das Denken.

Was Fichte »die absolut erste Handlung des Philosophen« nennt, ist nichts anderes als die Tat der Selbsterweckung durch das seiner selbst gewisse Denken. – Hendrik Steffens hat in seinen Erinnerungen auch geschildert, wie Fichte sich bemühte, die Hörer seiner Vorlesungen zu dieser inneren Tat anzuregen:

»Meine Herren«, sprach er, »fassen Sie sich zusammen, gehen Sie in sich ein, es ist hier von keinem Äußern die Rede, sondern lediglich von uns selbst.« – Die Zuhörer schienen so aufgefordert, wirklich in sich zu gehen. Einige veränderten die Stellung und richteten sich auf, andere sanken in sich zusammen und schlugen die Augen nieder; offenbar aber erwarteten alle mit großer Spannung, was nun auf diese Aufforderung folgen solle. – »Meine Herren«, fuhr darauf Fichte fort, »denken Sie die Wand« – ich sah es, die Zuhörer dachten wirklich die Wand und es schien ihnen allen zu gelingen. – »Haben Sie die Wand gedacht?«, fragte Fichte. »Nun, meine Herren, so denken Sie denjenigen, der die Wand gedacht hat.« – Es war seltsam, wie jetzt offenbar eine Verwirrung und Verlegenheit zu entstehen schien. Viele der Zuhörer schienen in der Tat denjenigen, der die Wand gedacht hatte, nirgends entdecken zu können, und ich begriff nun, wie es wohl geschehen könnte, dass junge Männer, die über den ersten Versuch zur Spekulation auf eine so bedenkliche Weise stolperten, bei ihren ferneren Bemühungen in eine sehr gefährliche Gemütsstimmung geraten konnten.«[36]

Auf diese Übung lassen sich weitere Schritte aufbauen:

1. Da ist eine Wand; ich sehe sie.
2. Ich denke die Wand.
3. Ich denke den, der die Wand dachte.
4. Der denkende war ich.
5. Ich war es, der denken *wollte.*
6. Ich *bin* der, welcher wiederum denken wird.
7. Ich werde dann auch der sehende sein.

Das Erwachen als »absolut erste Handlung des Philosophen« beginnt mit dem Schritt von der dritten zur vierten Stufe; am Ende entdeckt das Ich seine Verwandtschaft mit dem Prinzip, das da heißt *›der da war‹ der ›seiende‹ und ›der kommende‹* (Offb. 1,8). – Eine weitere Vertiefung dieses Erwachens ist das seiner selbst gewisse Erkennen: Es führt zur Steigerung der Freiheit, denn erst wenn ich die Gründe für mein Handeln *erkenne,* kann ich sie frei wählen. So ruht meine Freiheit auf meiner Gewissheit im Erkennen.

Außerdem spricht Fichte noch von der anderen, grundlegenderen »absolut ersten Handlung«, die durch das Philosophieren den letzten Schliff erhält. Es gibt in der Tat ein Erwachen, das dem des Philosophen in jedem Fall vorangeht; es kann in der Jugend auftreten, oder wie bei Jean Paul schon in der Kindheit:

»Es gibt Menschen, die sich bis tief an die Grenzstunde hinein besinnen, wo ihnen zum erstenmal das Ich plötzlich aus dem Gewölke wie eine Sonne vorbrach und wunderbar eine bestrahlte Welt aufdeckte. (...) Nie vergess' ich die noch keinem Menschen erzählte Erscheinung in mir, wo ich bei der Geburt meines Selbstbewusstseins stand, von der ich Ort und Zeit anzugeben weiß. An einem Vormittag stand ich als ein sehr junges Kind unter der Haustür und sah links nach der Holzlege, als auf einmal das innere Gesicht, ich bin ein Ich, wie ein Blitzstrahl vom Himmel vor mich fuhr und seitdem leuchtend stehenblieb: da hatte mein Ich zum erstenmal sich selber gesehen und auf ewig. Täuschungen des Erinnerns sind hier schwerlich denkbar, da kein fremdes Erzählen sich in eine bloß im verhangenen Allerheiligsten des Menschen vorgefallene Begebenheit, deren Neuheit allein so alltäglichen Nebenumständen das Bleiben gegeben, mit Zusätzen mengen konnte.«

Die Frage, wo das Ich vor diesem ersten Erwachen weilt, bleibt einstweilen ebenso außer Betracht, wie die andere, wo es hingeht, wenn die Seele in den Schlaf des Todes sinkt.

Moritz begründete eine Selbsterkenntnis, die sowohl für das lebenspraktisch-hygienische Anliegen Goethes und Carus´, wie auch für den von Novalis gemeinten inneren Weg offen war. Die Ich-Philosophie fügte der Erfahrungsseelenkunde den Schlussstein ein, der beiden Formen der Selbsterkenntnis festen Halt verlieh.

Im Erwachen des Ich beantwortet sich die Frage: Wer *bin* ich? Wenn sie allerdings bloß theoretisch gestellt wird, muss auch die Antwort theoretisch sein, das heißt, auf eine Ich-Vorstellung hinweisen, die der Fragende ebensowenig selbst ist, wie die Runen des Unbewussten oder die Masken der Persönlichkeit. Es kann auch eine wissenschaftliche Behandlung der Ich-Vorstellung geben; letztere wird dann als eine Seelenerscheinung neben anderen erforscht, die, da sie nur die gewordenen Züge erfasst, oft auch Gegenstand ›narzisstischer‹ Selbstschau wird. Wenn dagegen das Ich-bin tätig erfahren wird, so ereignet sich ein dramatischer Umschwung, eine regelrechte Umstülpung, vergleichbar mit jener, von welcher die russische Heldensage den Ilja Murometz sagen lässt: »Oh, gäbe es einen Ring am Himmel, so würde ich ihn fassen und das Erdenrund umstülpen …« So erwacht im Ergreifen des Geistes der in der Seele schlummernde Ich-Keim zur Ich-Kraft, die das ganze Seelenleben auf eine neue Mitte bezieht und dem Menschen die Sicherheit gibt, dass er mehr ist als der ›Wicht‹. Jetzt darf er – frei nach dem Märchenvers – sagen:

Ach wie gut, dass ich nun weiß,
dass *ich* – nicht Rumpelstilzchen heiß'!

14 Person und Persönlichkeit

Der Mensch trägt in sich das gewordene ›*der* bin ich‹ und das werdende ›Ich *bin*‹. Eine in ihrem Wert nicht hoch genug zu schätzende Hilfe für den verständnisvollen Umgang mit der Gleichzeitigkeit des Alten und des Neuen in mir und in anderen Menschen ist die von Diether Lauenstein getroffene Unterscheidung von Person, Persönlichkeit und Ich.[37] Als zeitgemäße Lehre von Stufen der Identitäts-Findung ist sie ein lebensnahes Bindeglied zwischen Erfahrungsseelenkunde und Ich-Erkenntnis.

Die *Person* ist dem Kinde in die Wiege gelegt; sie erwacht anfänglich als Punkt, in dem Sinneserfahrung und Erinnerung zusammenfließen. Der Leib mit seinen ihm allein angehörenden Kräften und Bewegungsmöglichkeiten – etwa dem aufrechten Gang oder der Kreuzung der Sehachsen – aber auch Temperamentsäußerungen wie gerechter Zorn oder Schwermut wecken und verstärken das Erlebnis des Eigenseins. An der Ausbildung der *Persönlichkeit* wirke ich selbst mit: Durch eigene Erfahrung, durch Lernen, durch Wahl und Verzicht bilde ich aus den Gaben der Natur und des Lebens bleibende Fähigkeiten, Überzeugungen und Charakterzüge aus, und diese Entwicklung kann in jener persönlichen *Würde* gipfeln, die insbesondere die Ergebnisse vergangener Ich-Einschläge bewahrt.

Das Zusammenwirken von Person, Ich und Persönlichkeit ist so zu denken: Der Ich-Einschlag ist zunächst nur augenblicksweise wirksam. Dies bewirkt eine allmähliche Wandlung der kreatürlichen Regungen der Person, die in der Persönlichkeit fortwirkt.

Der Äon, oder die Ewigkeit des Ich ruht in dessen unzerstörbarer Möglichkeit, sich jederzeit im Kairós zu verwirklichen. Dagegen teilt die Person die Sterblichkeit des Leibes. Die Würde der Persönlichkeit vermag dem Tod zuweilen tragische Größe abzutrotzen; inwieweit sie ihn auch als Gestalt des Seelenlebens überdauert, ist eine andere Frage.

Altmexikanisches Relief

In jedem Falle ist die Persönlichkeit als Ergebnis des Werdens der Vergänglichkeit unterworfen: Sie stirbt nicht wie der Leib und die Person in die Elemente der Natur hinein, sondern in die Erstarrung des eigenen Geworden-Seins. – Ein altmexikanisches Relief zeigt einen in der Mitte gespaltenen Totenschädel, dessen Hälften weit auseinanderstehen, so dass sie den Raum freigeben für eine zweite Schädelmaske, deren Hälften ebenfalls getrennt sind, und zwar so weit, dass zwischen ihnen ein Raum bleibt, aus dem ein edles, ruhiges Menschenantlitz blickt.[38]

Die folgenden Wortlaute aus den Werken Lauensteins belegen die Herkunft einiger für dieses Buch wichtiger Gedanken und bieten sich als Zusammenfassung dieses Kapitels an:

»Wir glauben, dass es einen Mittelpunkt der menschlichen Person gibt, der nicht meßbar, nicht berechenbar und erst recht nicht im voraus kalkulierbar ist. Er wird von Forschern, die galileisch-naturwissenschaftlich denken, gar nicht bemerkt. Dieser Mittelpunkt ist geistig. Er ist der Person nicht notwendig bewusst, und er wird von ihr nicht so durchschaut, dass sie über ihn verfügen könnte. Er vielmehr verfügt über die

Person, sofern er nicht schläft oder überhaupt fehlt. Aus ihm können unvoraussehbare formschaffende Taten kommen, welche unter Umständen von großer Wirkung sind. Man hat auf positive Überraschungen aus dieser Quelle immer gefasst zu sein. Es ist der Punkt, aus welchem Produktivität und Initiative hervorgehen. Er ist unvergleichlich und darum wissenschaftlich nicht unmittelbar erfassbar.[39]

Den Menschen des Habens nennen wir Person; zur Römerzeit schien die Persönlichkeit das höchste Glück der Erdenkinder zu sein. (...) Das noch zu erstrebende Ziel der heutigen Kultur ist das tätige und leidensbereite Ich.

Die Person ist Wesen im Sinne von Aristoteles, Wesen mit Form und Stoff. Die Person lebt ganz im Raum, wenig in der Zeit. Das Ich aber lässt den Stoff hinter sich; es bindet sich auch nicht mehr an eine einmalige geprägte Form, die wir als festen Charakter im übrigen auch zu schätzen wissen; Formlosigkeit und Flatterwesen sind kein Zeichen von Ich-Kraft. Das Ich erfasst sich selbst in der Einheit, befreit sich in der Negation und erneuert sich aus der geistigen Möglichkeit, die in Gott liegt. Nur durch diese Möglichkeit erweist das Ich sich als schöpferisch. Das geschieht ganz in der Zeit, wenig im Raum. Einheit, Negation, Möglichkeit, Tun und Leiden werden von dem schöpferischen Ich in der Zeit zusammengefasst.

Person und Ich zu scheiden, klärt das Handeln und macht es fruchtbar. (...) Das Ich äußert sich im Handeln, aber auch im Ertragen und inneren Verarbeiten von Leiden. Eine Handlung wird um so richtiger und besser für die Welt, je größer die mit ihr verbundene Leidensbereitschaft ist. Und ein Leiden wird um so erträglicher und fruchtbarer für diesen Menschen, je mehr geheime Arbeit mit ihm verbunden wird. Das gilt für Schmerzen, körperliche Gebrechen, für seelisches Leid und für äußere Gefahr und Unglück.[40]

Die Persönlichkeit oder der Mensch, dessen Würde gemäß dem ersten Satz des deutschen Grundgesetzes unantastbar ist –

dieser Rechtsgedanke wurde bewusst von Kant entlehnt –, besteht – indem wir nun die Sprache Fichtes annehmen – im Zusammenspiel einer natürlichen Person und eines Ich. Das Ich waltet frei im kategorischen Reiche des reinen Denkens und entwickelt aus ihm den Willen. In der Persönlichkeit wechseln natürliche Bewegungen mit solchen Handlungen, Wahrnehmungen usw., die aus dem Ich als Intention hervorgehen. Die Intention oder ihr Fehlen unterscheiden das Ich und die Person.

Was wir durch Geburt haben, was in uns ohne unsere gezielte Aufmerksamkeit und ohne unser bewusstes Wollen geschieht, nennen wir unsere Natur. Zählen wir ihr alles das hinzu, was durch das Zusammenleben, die Sprache und die von Kind an übernommene Kultur ohne eigene Wahl und Entschluss vermittelt wird, so nennen wir die Summe und das Ergebnis beider die Person. Wir finden unsere Person in uns vor, sie ist geworden. Wenn viele Wirkungen des Ich in sie einfließen, entwickelt sich in der Person die Persönlichkeit mit ihrer Würde; auch sie stammt aus der Vergangenheit. Das Ich selbst aber entwickelt hier und heute die gezielte Aufmerksamkeit um der Sache willen, es bleibt bei der Sache, es bewegt denkend in sich die Möglichkeiten, deren Verwirklichung unsichtbar in der Zukunft schlummert; es lebt als schöpferischer Wille in Gegenwart und Zukunft.

Die Person ist das oberste Wesen auf Erden, Wesen im Sinne der ersten aristotelischen Kategorie. Die Person gewinnt ihr Einzelsein aus dem stofflichen Leibe; sie ist wie er vergänglich. Sie ist weiblich oder männlich möglichst mit Entschiedenheit, sie trägt in sich die Voraussetzung der irdischen Liebe. Die Liebe entzündet, sofern Persönlichkeit gebildet wird, die ganze Seele; sie bleibt nicht Trieb und eine Regung unter anderen; sie bringt die Seele zum Blühen. Das Ich als schöpferische Kraft fährt in diese Blüte wie der goldene Staub der Pflanzen. Wir empfangen uns selbst als Ich, wenn leiblich eine Empfängnis möglich ist. Die Empfängnis des Ich findet glücklichen Falles statt im ersten und höchsten Erleben des Du. Über den beiden,

Du und Ich, spielt dabei ein höheres Wesenselement mit, als das Ich allein es bilden kann. Es wird empfunden in den himmlischen Tugenden Liebe, Glaube, Hoffnung, welche beide Menschen jetzt für sich gemeinsam und meist ein wenig nur für sich entfalten; diese Verengung gleicht sich später wieder aus, im ersten Schritt durch die Kinder.

Die Person muss ihre Bedürfnisse befriedigen; sie kann darin zum Tier entarten. Sie ist der Träger des Egoismus. Die Persönlichkeit bildet sich selbst aus, indem sie ihre Taten und Leiden deutet und zu Fähigkeiten wandelt; damit beginnen wir schon als Kinder, im gesteigerten Maße im dritten Jahrzehnt des Lebens. Das Ich aber will schaffen und weist darin über sich hinaus. Es bringt im Werk sein jeweilig besonderes Opfer. Das allgemein gefeierte Opfer im Kultus kann ihm zur Wesenserinnerung dienen.

Die Übergänge von der Persönlichkeit bis zum Wesenselement über dem Du und Ich schildert Goethe im *Westöstlichen Divan*:

Suleika: Volk und Knecht und Überwinder,
Sie gestehn, zu jeder Zeit,
Höchstes Glück der Erdenkinder
Sei nur die Persönlichkeit.
...
Hatem: Kann wohl sein! so wird gemeinet;
Doch ich bin auf andrer Spur:
Alles Erdenglück vereinet
Find' ich in Suleika nur.

Die Tugenden der Person sind Wille zur Gesundheit, Fleiß und äußere Rechtlichkeit; die der Persönlichkeit sind die platonischen Tugenden als Übung und innere Werte, zusammengefasst als Gerechtigkeit der Seele oder Harmonie der Fähigkeiten. Die Tugend des Ich ist die Intention. Sie gliedert sich in die Sammlung beim Beobachten, die Übung beim Erinnern und Vorstellen, das willentliche kategorische und logische Denken in den Möglichkeiten, das Verbinden der beobachteten Gegebenheit mit den vorgestellten Möglichkeiten im Urteil und die volle Hingabe des Willens an dieses Urteil zur Verwirklichung der ergriffenen Möglichkeit; kurz, sie besteht in einer gegliederten Verschmelzung von Wille, Wahrnehmen und Denken. Trotz der Gliederung seiner Wirkung in den Seelenfähigkeiten ist das Ich eine tätige Einheit, die wie ein Blitz und ein inneres Feuer erscheint; es gibt nur sein Wirken oder sein Fehlen; es äußert sich in Einfall und Einsatz. Über ihm aber erscheinen fördernd die himmlischen Tugenden Glaube, Hoffnung, Liebe.

Das Ich hat weder Recht, noch Ehre, noch Ruhm, noch erworbene Fähigkeit und damit auch keine Würde, denn es lebt nicht aus der Vergangenheit; es lebt im Heute und im Hinblick auf die Zukunft. Es schafft im steten Jetzt und ist in dieser Weise ewig. – Die Persönlichkeit hat also eine verinnerlichte seelische Gestalt, die von Fähigkeiten getragen wird und über den Tod hinaus währt.«[41]

NICHT-ICH IM ICH
Vom Erfahren zum Erkennen

> Die Welt ist die Mutter der Eigenschaften –
> der Vater der Wesenheiten ist der Grund. (Stoff und Form)
>
> Novalis

15 Der fliegende Teppich

Nicht von ungefähr hat die vierte Ausgangsfrage: Was bin *nicht* ich? bei der Betrachtung des *Unbewussten* eine erste Antwort gefunden. Man kann diese Frage aber in ihrem allgemeinsten Sinne stellen – und dann führt sie zum *Nicht-Ich,* welches ja nicht wie das Unbewusste bloß auf eine veränderliche Grenze, auf einen inneren Horizont verweist, sondern auf das dem Ich gegenüber grundsätzlich *Andere.* Der Begriff des Nicht-Ich stammt ebenfalls aus der idealistischen Philosophie. Um ihn fruchtbar zu machen, kann man ihn gewissermaßen von Goethe erklären lassen.

Goethe wandte sich gegen die Auffassung, der Inhalt der dem Menschen gegebenen Erfahrung gehöre allein dem Bewusstsein an, sei, wie man sagt, bloß, »subjektiv«, da eine unerreichbare Welt von »Dingen an sich« in unserer Seele Eindrücke oder Vorstellungen bewirke, aber nicht selbst erscheine. Diese Anschauung, die bis heute nicht nur in wissenschaftlichen Zusammenhängen nachwirkt, fand Goethe bei Kant, in radikalerer Weise bei Fichte, und zu seiner großen Enttäuschung am Ende seines Lebens bei dem ihm freundschaftlich verbundenen jungen Schopenhauer.

Praktisch hat Goethe die *illusionistische* Weltanschauung vor allem auf dem Gebiet der Farbenlehre bekämpft; die entsprechenden philosophischen Gedanken hat er eher beiläufig geäußert, meist in kurzen Sinnsprüchen oder Maximen:

»Das Höchste wäre, zu begreifen, dass alles Faktische schon Theorie ist. Die Bläue des Himmels offenbart uns das Grundgesetz der Chromatik. Man suche nur nichts hinter den Phänomenen.«[42]

Den Sinnen hast du dann zu trauen,
Kein Falsches lassen sie dich schauen,
Wenn dein Verstand dich wach erhält.
Mit frischem Blick bemerke freudig,
Und wandle sicher wie geschmeidig
Durch Auen reichbegabter Welt.[43]

Die *Qualität* – lateinisch für ›Wieheit‹ – oder der Inhalt einer Erfahrung, so erkannte Goethe, besteht immer in sich selbst, unabhängig von einer hinter ihr verborgenen Welt. Was auch immer im Ich erfahren wird, es hat Teil an dieser in sich selbst begründeten reinen Inhaltlichkeit. Auch das Denken kann ihr nichts hinzufügen, als das, was ein ihm selbst erfahrbarer Inhalt ist. Es ist allerdings in viel höherem Maße als die Sinne der Gefahr des Irrtums ausgesetzt, weil es selbst in der Darstellung dieser Inhalte und ihres Verhältnisses zur übrigen Erfahrung tätig ist.

So sind die Farben Rot, Blau, Gelb als Qualitäten ganz in sich selbst gegründet, gleichgültig, ob sie in der Natur, im Labor oder im Traum erfahren werden. Das Traumbild eines Radieschens ist natürlich etwas ganz anderes als ein Radieschen in der Natur; das Rot als Qualität aber ist in beiden genau dasselbe und kann durch das Geträumtwerden sowenig verlieren, wie es durch die stoffliche Umgebung im Garten gewinnen kann! Die *Beziehungen* der drei genannten Farben untereinander und zu anderen Farberfahrungen wie Helligkeit, Dunkelheit, Grün, Orange, Violett werden erst durch das Denken zu Erfahrungen gemacht: Dabei sind dann Irrtümer möglich:

»Die Sinne trügen nicht, aber das Urteil trügt.«[44]

Wissenschaft besteht im Erweitern, Verknüpfen und gedanklichen Vertiefen der Erfahrung. Das erfordert – Mut! Denn solange eine ›Welt an sich‹ – mag sie nun stofflicher oder göttlicher Natur sein – nicht zur Erfahrung wird, taugt sie nicht als Stütze für solche Wissenschaft. Ja, man muss sich sagen: Für ehrliche Erkenntnis besteht das Universum überhaupt nur aus Erfahrungsinhalten; zwar ist es zunächst *meine* Erfahrung, als solche aber gewährt es mir die aus der in sich selbst gegründeten Inhaltlichkeit stammende Einheit und Irrtumslosigkeit.

Wer Goethe auf diesem Wege zu folgen wagt, der wird aufgefordert: Habe Mut, dich der Flur der Erfahrungen anzuvertrauen, wie man einen fliegenden Teppich besteigt, dich auf keinerlei Materie hinter diesem Teppich zu verlassen, denn – auch die andere Seite des Teppichs wird nur aus Erfahrungsinhalt bestehen. Wenn man bei dem Bild des Teppichs als dem einer *Fläche* bleibt, dann kann man ihn auch mit dem Möbiusschen Band vergleichen, bei dem Innen- und Außenseite eine einzige Fläche sind. Die Schauder von Einsamkeit und Abgründigkeit, welche auf Goethes Weg zur Erfahrung des Nicht-Ich auftreten können, werden reichlich aufgewogen durch das Erlebnis: Ich selbst gehöre ebenfalls der Einheit dieser in sich gegründeten Wirklichkeit an, ebenso die anderen Iche, die mir in meinesgleichen begegnen. Ja, diese Welt zeigt bei genauer Beobachtung nicht nur Zusammenhang mit dem Ich, sondern sogar Verwandtschaft mit ihm.

Als reine Erfahrung oder unmittelbar Gegebenes, wie die Philosophen die von Goethe in Weite und Tiefe erwanderten Fluren nennen, offenbart das Nicht-Ich, was es ist, und beantwortet so die fünfte Grundfrage. Dabei ist es jedoch ganz *in* dem zur Aufmerksamkeit erwachten Ich anwesend, und das Ich ist auf Dauer gar nicht denkbar ohne das in ihm sich offenbarende Nicht-Ich. Das Licht der Welt wird im Gang des Lebens als Licht der Seele zum Bewusstsein erweckt. In den drei Ehrfurchten der pädagogischen Provinz gestaltet das Ich sein Verhältnis zum Nicht-Ich in beseeltem Maßhalten und Gleichgewicht:

- in der Ehrfurcht vor dem »irdisch willenlosen« zu dem, was unter ihm ist;
- in der Ehrfurcht vor seinesgleichen, das heißt dem anderen Ich;
- in der Ehrfurcht vor dem, was über ihm ist, wendet es sich dem Göttlichen zu, wofern dieses erfahren wird; wo nicht, tritt an seine Stelle die Ehrfurcht vor dem Unbekannten, in der Ahnung höherer Erfahrung beschlossen ist.

16 Der Schlüssel Davids

Wenn Goethe von der Erfahrungswelt, die für ihn die der äußeren Sinne war, sagt, sie lasse nichts Falsches schauen, so hält er fest, dass sie gegen Irrtum und Zweifel gefeit ist: Erfahrung als solche kann ihrem Wesen nach gar nicht falsch sein, allenfalls unvollständig, oder sie kann falsch gedeutet werden. Das Erkennen führt die Seele über den von der Erfahrung gewährleisteten Stand der Irrtums- oder Zweifelslosigkeit hinaus, indem es ihr *Gewissheit* gibt. Das Verhältnis der Seele zum Denken als dem Ursprung solcher Sicherheit entwickelt sich über eine Reihe von Stufen, deren Erreichen und Bewältigung jeweils Taten des Ich sind.

Die erste Stufe ist der Seele von frühester Kindheit an gegeben. Indem sie für die Welt erwacht, findet sie Gedanken in ihr vor, so dass der Zustand reiner, ausschließlicher Wahrnehmung nur in Ausnahmefällen erlebt werden kann:

»Ich befahl Kasparn, nach dem Fenster zu sehen, deutete auf die große, weite Aussicht in die schöne, im Schmuck des Sommers prangende Landschaft, und fragte ihn: ob das nicht schön sei, was er da draußen sehe? Er gehorchte, fuhr aber sogleich mit sichtbarem Abscheu wieder zurück, indem er ausrief: garstig! garstig! dann auf die weiße Wand seines Zimmerchens deutete und sagte: »da nicht garstig!« Auf meine weitere

Frage: warum dort garstig? erfolgte nichts weiter, als: »garstig, garstig!« und so blieb mir denn vor der Hand nichts übrig als mir diesen Umstand wohl zu merken, und die weitere Aufklärung von der Zeit zu erwarten, wo Kaspar sich besser werde verständlich machen können.«[45]

Was Kaspar Hauser, dem Nürnberger Findling, in diesem von Anselm von Feuerbach überlieferten Falle solches Missbehagen verursachte, war die Tatsache, dass er im Fenster die Dinge ohne jene elementaren Beigaben aus dem Reich der Gedanken gewahrte, die sonst Räumlichkeit, Gestalt und Zusammenhang in die sichtbare Welt bringen. Dies zeigte sich drei Jahre später:

»Ich fragte ihn: ob er sich noch meines Besuchs bei ihm auf dem Turm und dann besonders des Umstandes erinnere, dass ich ihn gefragt: wie ihm die Gegend da draußen (vor dem Fenster) gefalle? Er habe sich damals mit Abscheu von diesem Anblick weggewendet und immer ausgerufen: garstig, garstig! warum habe er das getan? was sei ihm denn da vorgekommen? – »Ja freilich«, antwortete er mir, »war das sehr garstig, was ich damals sah. Wenn ich nach dem Fenster blickte, sah es mir immer so aus, als wenn ein Laden ganz nahe vor meinen Augen aufgerichtet sei, und auf diesem Laden habe ein Tüncher seine verschiedenen Pinsel mit weiß, blau, grün, gelb, rot, alles bunt durcheinander, ausgespritzt. Einzelne Dinge darauf, wie ich jetzt die Dinge sehe, konnte ich nicht erkennen und unterscheiden. Das war denn gar abscheulich anzusehen; dabei war es mir ängstlich zu Mut, weil ich glaubte, man habe mir das Fenster mit dem buntscheckigen Laden verschlossen, damit ich nicht ins Freie sehen könne. Dass das, was ich so gesehen, Felder, Berge, Häuser gewesen, dass manches Ding, das mir damals größer vorkam als ein anderes, viel kleiner sei als dieses, manches große viel kleiner als wie ich es sah, davon habe ich mich erst später auf meinen Spaziergängen ins Freie überzeugt; endlich habe ich dann nichts mehr von dem Laden gesehen.«

Man kann sich diesem Zustand nähern, indem man zum Beispiel versucht, am Nachthimmel die Sterne zunächst nur als zusammenhanglose Punkte zu sehen und dann erst in Figuren oder Konstellationen. Diese für die Person mit der sichtbaren Natur ursprünglich verwobene Schicht der Gedanklichkeit ist es, welche die Griechen den ›Kosmos‹ oder die schmückende Ordnung alles Sichtbaren nannten.

Zu den Gaben, welche die Welt der Gedanken dem Menschen in die Wiege legt, gehört noch eine andere, die mit zunehmenden Lebensalter immer wertvoller wird:

»Die Seele hat ein natürliches Vertrauen zu dem Denken. Sie fühlt, dass sie alle Sicherheit im Leben verlieren würde, wenn sie dieses Vertrauen nicht haben könnte. Das gesunde Seelenleben hört auf, wenn der Zweifel an dem Denken beginnt. Kann man über irgend etwas im Denken nicht ins klare kommen, so muss man den Trost haben können, dass die Klarheit sich ergeben würde, wenn man sich nur zur genügenden Kraft und Schärfe des Denkens aufraffen könnte. Über das eigene Unvermögen, etwas durch Denken zur Klarheit zu bringen, kann man sich beruhigen; nicht aber kann man den Gedanken ertragen, dass das Denken selbst nicht Befriedigung bringen könnte, wenn man in sein Gebiet so eindringen würde, wie es für eine bestimmte Lebenslage zur Erlangung des vollen Lichtes notwendig ist.«[46]

Die nächste Stufe wird erreicht, wenn das Vertrauen, von dem Rudolf Steiner in diesem Votum zum Konzil über die Seele spricht, durch einzelne wohl gelungene Denkerfahrungen gerechtfertigt wird. Wer je die Kraft kennen lernte, die im wiederholten Erleben einfacher und überschaubarer Gedankenabläufe liegt, der wird diese Quelle immer wieder aufsuchen. – Für solche Übungen eigenen sich grundlegende Sachverhalte der Geometrie oder Rechenkunst, die man seit der Grundschulzeit nicht mehr *denkt*, sondern nur gewohnheitsmäßig in der hastigen Verstandestätigkeit des Alltags voraussetzt. Andere lohnende Übungsfelder bietet die Technik der alltäglichen Gebrauchsgegenstände, etwa der Reißverschluss oder die Mechanik eines Druckbleistiftes. Wer durch solche Beispiele wirklich nichts mehr lernen kann, dem sei empfohlen, sich einmal den Begriffsinhalt des Wörtchens ›zwar‹ zur vollen Klarheit zu bringen.

Auf dieser Stufe lernt die Seele ernst damit machen, dass ihr das Denken, im Unterschied zu der Art von Gedanken, von denen zuvor die Rede war, nicht geschenkt werden kann – sie muss es *tun*. Die Lerninhalte von Schule und Studium, die Antworten auf die Rätselfragen der Welt und des Lebens wollen nun durch inneres Tun errungen sein, das oft sogar benötigt wird, um Dinge zu erinnern, die einem im Anfang mühelos zuflogen. In diesem Tun, und allein in ihm, findet die Seele jene über die Wahrnehmung des Gegebenen hinaus reichende Gewissheit. Nicht zuletzt aber lehrt das Denken die Seele etwas über sie selbst: Sie wird der ihr einwohnenden Kraft der Selbst-Erweckung gewahr; sie erlebt, dass die sich im Denken unabhängig von aller Selbstheit darstellende unbedingte Objektivität der Denk*inhalte* die höchste Steigerung der Ichheit in der Denk*handlung* voraussetzt.

Die letzte Stufe ist dann das Denken über das Denken, das Erringen der vollen Gewissheit bezüglich des Wesens der Erkenntnis selbst in der *Erkenntnislehre*, die vom Wesen des Denkens, von den Begriffen und Ideen, von Urteil und von der Beziehung zwischen Denken und Wahrnehmen handelt.

Das Denken ist der Schlüssel Davids: »Wenn er aufschließt, schließt niemand zu, und wenn er zuschließt, schließt niemand auf.« (Offb. 3,7): Was es erschließt oder beschließt, es gehört dem Ich alleine an, keiner Autorität oder Hilfe bedarf es mehr!

17 Was ist Wahrheit?

Auf dem Weg von der Erfahrung zum Denken und Erkennen wird die Fähigkeit des Ich gesteigert, das Nicht-Ich in sich zur

Offenbarung kommen zu lassen. So umfasst das Ich kraft seines freien, bewussten »Ja, so ist es!« mehr und mehr das Wesen der Welt. Im Ja nimmt es den Reichtum der Welt als Wirklichkeit in sich auf. Gewissheit ist dann der innere Widerhall der Wirklichkeit. Zwischen der subjektiven Gewissheit und der objektiven Wirklichkeit aber steht die Wahrheit ...

»Da sagte Pilatus zu Ihm: ›Also bist du doch ein König!‹ Jesus antwortete: ›Du sagst es: Ich bin ein König. Ich bin dazu geboren und in die Welt gekommen, um für die Wahrheit zu zeugen. Ein jeder, der sein Sein aus der Wahrheit empfängt, der hört meine Stimme.‹ Da sagt Pilatus zu ihm: ›Was ist Wahrheit?‹« (Joh. 18, 37-38)

Wie man selbst über das Wesen der Wahrheit denkt, so wird man die Frage des Pilatus deuten: »Was ist das schon – Wahrheit?«, wird der Skeptiker mit Pilatus fragen wollen. Ein Wahrheitsliebender vom Schlage Fichtes wird darin die Frage hören, mit der sein Menschsein steht und fällt. Ein Pragmatiker wird eher meinen, Pilatus wollte sagen: »Was redest du von Wahrheit, jetzt, wo es um dein Leben geht!« Jedenfalls macht das Gespräch zwischen Jesus und Pilatus deutlich, dass Pilatus in einem tragischen Verhältnis zur Wahrheit steht. Seine Rede ist nämlich mehrdeutig: Spielt er als Jurist und römischer Staatsmann mit der Wahrheit? Ist er unsicher? Verbirgt er etwas? Einmal scheint es, als wolle Jesus ihm helfen, sich über den Wahrheitsmaßstab seiner Rede klar zu werden: »Sagst du das von dir aus, oder haben es andere über mich gesagt?« (18,34). Schließlich aber offenbart ein Satz den Abgrund, an den die Seele tritt, wenn sie sich über das Göttliche Rechenschaft ablegen will: »Siehe, das ist der Mensch.« (19,5) – ein Wort, in dem die tiefste Wahrheit liegen könnte, wenn Pilatus nur fühlen würde, was er sagt.

In dieser Schicksalsstunde ist Pilatus ein Mensch nahe, der das ihm Unzugängliche an seiner statt erlebt: »Während aber Pilatus auf dem Richterstuhl saß, sandte seine Frau zu ihm und ließ ihm sagen: habe du nichts zu tun mit diesem Gerechten, denn seinetwegen habe ich heute im Traum viel gelitten.« (Matth. 27,19) Das »Ecce Homo« war als Urteil zutreffend, aber eigentlich wahr war es nicht, denn im Munde des Pilatus reichte es nicht an die Wirklichkeit dessen, was geschah. Der Traum der Frau dagegen führt in die Tiefe des Daseins; das dort Gefühlte bleibt jedoch Traum, denn zur Wahrheit fehlt die Möglichkeit des begründeten Urteils. – Goethe hat bekannt, dass ihm dieses zweifache Versagen nicht fremd war und dass er sich deshalb als ›Wicht‹ erlebte:

Ganz und gar
Bin ich ein armer Wicht.
Meine Träume sind nicht wahr,
Und meine Gedanken geraten nicht.[47]

Über diesem Abgrund leuchtet das Ideal der Wahrheit: Das Wesen der Welt möchte im Menschen leben, und die Seele möchte sich im Wesen der Welt finden. Dem Denken, das in den Dienst des Ideals tritt, werden zwei Tugenden erstrebenswert: die *Kraft* des Sinnens ist die erste; sie wird durch ihr mannhaft-ritterliches Wesen gleichsam zum Beschützer der jungfräulichen *Reinheit* des Gedankens. Endlich wird die Schwelle erreicht, an der offenbar wird, dass die am tiefsten ersehnte Wahrheit erst vom göttlichen Wesen hergestellt wird. Dies bezeugt ein anderer Römer:

»Als der Hauptmann und die, welche mit ihm Wache hielten bei Jesus, das Erdbeben und alles, was sonst geschah, wahrnahmen, da erschütterte es sie wie gewaltige Furcht, und sie sprachen: Dieser war in Wahrheit Gottes Sohn! Es waren dort aber auch viele Frauen, die von ferne schauten ...« (Matth. 27, 54-55)

Nicht umsonst stehen neben dem Hauptmann die *Frauen*, denn wie das *Denken* der Wahrheit den Menschen zunächst in sein eigenes Inneres führt, so befreit ihn die *Liebe* zur Wahrheit wiederum von sich selbst. Dabei gilt es, die Wahrheitsliebe von einer anderen Liebe zu unterscheiden, die ebenfalls sehr stark werden kann: Es ist dies die Liebe zur eigenen Meinung, die der Wahrheit wie ein Schatten zu folgen pflegt, und die unter den Mächten, welche den Menschen in das Zwischenreich der Pilatusfrage bannen können, eine der stärksten ist. Mit einem gewissen Recht konnte deshalb der russische Mönchsvater Jossif von Wolokolamsk (1439–1511) sagen: »Aller Leidenschaften Mutter ist die Meinung; die Meinung ist der zweite Sündenfall.«

Durch die Tore von Schauen, Wahrnehmen, Träumen, Ahnen, Fühlen und Glauben wird das Leben der Welt zur Erfahrung der Seele. Sobald sie beginnt zu denken, will sie für die Welt erwachen, und die Welt bietet ihre Wahrheitsfülle dem im Denken aufgehenden Lichte dar.

Auch die jenseitigen Dinge, die ich zunächst glaube oder ahne, wollen im Spiegel der Welt wahr werden, indem ich sie nämlich in Arbeit und Schicksal erprobe: »Wer aber die Wahrheit schaffend verwirklicht, der gelangt zum Licht, auf dass seine Werke offenbar werden, dass sie in Gott gewirkt sind.« (Joh. 3,21.) – Der *tumbe* Traum der Welt ist der Weg, der das Denken zum Untergang im *zwîfel* (Zweifel) führt; dann lässt die Liebe zur Wahrheit diese Leben gewinnen, und in der treu geübten Andacht wird die *saelde* (Seligkeit) gesucht.

Viel ist erreicht, wenn erfahren wird, dass Wahrheit mehr ist, als die bloße Form der Richtigkeit im Urteilen: Sie ist ein eigenständiger Erfahrungsinhalt, der neben Wahrnehmen und Denken tritt, wenn Erkenntnis statthat. Der Denkende ist sich im Stande der Wahrheit nicht nur des Erkannten gewiss, sondern erfährt auch unmittelbar die innere Berechtigung seines Urteils; er erlebt die Aufhebung dessen, was das Ich von der Welt trennt, und zugleich entfällt auch das, was die Welt vom Ich trennt, denn diese bietet nun nicht mehr Wirkung, Schein, Ansicht oder Bild, sondern sich selbst dar. Da die Wirklichkeit als Substanz und die Gewissheit als Kraft erlebt wird, darf gesagt werden: Die Wahrheit speist und kräftigt das Ich.

Drittte Woche

WER BIN *ICH*?
Freiheit und Einzigkeit

»Ach, ich finde die Menschen so interessant. So typisch.«
»Typisch für was?« – »Für sich selbst.«
(…)
Ich will nicht, dass Sie ein zweiter Poirot werden,
mein lieber Hastings –
ich will, dass Sie der erhabenste und größte Hastings sind.

Agatha Christie[48]

18 Das Haar auf dem Amboss

Im Nicht-Ich finde ich Erscheinungen, die durch und durch *ursächlich* bestimmt sind. Sie bilden die *anorganische* Natur. In diesem Reich hat, wie Fichte es in der *Bestimmung des Menschen* beschreibt, die Freiheit keinen Platz:

»In jedem Momente ihrer Dauer ist die Natur ein zusammenhängendes Ganze; in jedem Momente muss jeder einzelne Teil derselben so sein, wie er ist, weil alle übrigen sind, wie sie sind; und du könntest kein Sandkörnchen von seiner Stelle verrücken, ohne dadurch, vielleicht unsichtbar für deine Augen, durch alle Teile des unermeßlichen Ganzen hindurch etwas zu verändern. Aber jeder Moment dieser Dauer ist bestimmt durch alle abgelaufenen Momente, und wird bestimmen alle künftigen Momente; und du kannst in dem gegenwärtigen keines Sandkornes Lage anders denken, als sie ist, ohne dass du genötigt würdest, die ganze Vergangenheit ins unbestimmte hinauf, und die ganze Zukunft ins unbestimmte herab dir anders zu denken. Mache, wenn du willst, den Versuch mit diesem Körnchen Flugsandes, das du erblickst. Denke es dir um einige Schritte weiter landeinwärts liegend. Dann müßte der Sturmwind, der es vom Meere hertrieb, stärker gewesen sein, als er wirklich war. Dann müßte aber auch die vorhergehende Witterung, durch welche dieser Sturmwind und der Grad desselben bestimmt wurde, anders gewesen sein, als sie war, und die ihr vorhergehende, durch die sie bestimmt wurde; und du erhältst in das unbestimmte und unbegrenzte hinauf eine ganz andere Temperatur der Luft, als wirklich stattgefunden hat, und eine ganz andere Beschaffenheit der Körper, welche auf diese Temperatur Einfluß haben, und auf welche sie Einfluß hat.«

Näher scheint der Freiheit das Reich des Lebendigen – die *organische* Natur – zu stehen. Doch auch, wenn man seine Erscheinungen mit Goethe als Ausdruck von ideellen *Typen*, das heißt, von prägenden Urbildern oder Bauplänen deutet, für die es hienieden keine Ursache gibt, so erhält das Einzelwesen doch seine Bestimmung von außen. Die Beweglichkeit und Bildsamkeit des Lebendigen ist also keineswegs mit Freiheit gleichzusetzen.

Die Gesetze des Anorganischen und die Kräfte des Organischen reichen weit in die Seele hinein. So ist die Erforschung von ursächlichen Zusammenhängen in der Menschenseele – etwa zwischen Traumata oder Fixierungen und ihren späteren Folgen – letztlich eine *Mechanik der Psyche*; und die Verhaltensmuster der empfindenden Tierwelt und des Menschen, wo er rein instinktiv handelt, sind der Ausdruck organischer Typen.

Die Prägung des Seelenlebens durch die ursächlichen und organischen Kräfte von Natur und Gewohnheit liegt offen zutage. Die Würde meiner Menschheit fühle ich erst, wenn ich wenigstens ahne: Das Ich allein kann – durch seine Herrschaft über den Leib – in der sinnenfälligen Welt Ursachen setzen, die selbst keine Ursache haben, es kann ferner der Welt im Sinne Goethes typische Gestalten einprägen, die es selbst in Freiheit bildet.

Während für das Ich Freiheit einerseits die Möglichkeit der Selbst*schöpfung*, der Heautogonie ist und andrerseits die Möglichkeit unendlicher Vielfalt der Selbst*gestaltung*, welche die Grenze aller Gattung hinter sich lässt, und soviel Typen hervorbringt, als es Menschen, ja als es freie Taten gibt, ist sie für die Welt ein Quell schöpferischer Erneuerung, indem sie den Kreislauf von Ursache und Wirkung und die Herrschaft der Typen immer wieder aufhebt: »Auch sie, die Schöpfung hofft, von der Knechtschaft der Vergänglichkeit befreit zu werden zur Freiheit der Herrlichkeit der Kinder Gottes.« (Röm. 8, 21) So steht die Freiheit wie der Gott Janus an einer Schwelle, an der Schwelle zwischen Ich und Nicht-Ich, und verschenkt sich nach beiden Seiten hin: Im Ich, indem sie in der unendlichen Vielfalt des Menschlichen, in der Welt, indem sie in deren fortwährender Erneuerung aufgeht.

Das Erringen der Freiheit ist *ein schweres Werk*. – Eine altrussische Sage erzählt: Hoch in den nördlichen Bergen steht eine Schmiede, in der ein alter Mann mit donnernden Hammerschlägen zwei Haare aneinanderschmiedet; wenn ihm dies gelingt, geben sich irgendwo in der Welt zwei Menschen das Jawort. – Die freie Verbindung zwischen Ich und Seele wird auf demselben Amboss geschmiedet ... Die Schwere des Werkes liegt in der Anstrengung und Ausdauer, welche die Arbeit des Ich an seinen Hüllen fordert, und in der Macht der Schicksalsschläge, die den Menschen immer wieder an diese Arbeit heranbändigen. Und doch: Ebenso eng ist das Geheimnis der Leichte mit dem Werk der Freiheit verbunden, schließlich sind es Haare, die aneinander geschmiedet werden! Die Freiheit macht die Dinge leicht in ihrem schwersten Punkt. Ihr Atem wechselt zwischen *Würde* und *Anmut*.

Es gibt nämlich ein Reich, in welchem die Freiheit in sich selbst ruht, in dem sie einfach ein Inhalt der Erfahrung, eine Qualität des Erlebten sein darf; es ist die Heimat der Schönheit, des Spiels und des Kindes. Nietzsche war voller Begeisterung für dieses Reich, als er ausrief: »Ich sage euch: man muss noch Chaos in sich haben, um einen tanzenden Stern gebären zu können.«[49] Lehrer der hohen Kunst, das Chaos der Freiheit mit dem Kosmos der Schönheit zu verbinden, ist Friedrich

Schiller – überall dort, wo er in seinen Schriften über das Naive, die Anmut, das Spiel oder das Schöne spricht, etwa im Fünfzehnten Brief in *Über die Ästhetische Erziehung des Menschen*:

»Das Schöne soll nicht bloßes Leben und nicht bloße Gestalt, sondern lebende Gestalt, das ist Schönheit sein, indem sie ja dem Menschen das doppelte Gesetz der absoluten Formalität und der absoluten Realität diktiert. (...) Der Mensch soll mit der Schönheit *nur spielen*, und er soll *nur mit der Schönheit* spielen. Denn, um es endlich auf einmal herauszusagen, der Mensch spielt nur, wo er in voller Bedeutung des Worts Mensch ist, und *er ist nur da ganz Mensch, wo er spielt.*«

Das Reich der Schönheit, des Spiels und der Freiheit ist ein *drittes*, das nicht zwischen Stoff und Form, zwischen Ich und Nicht-Ich, zwischen Mensch und Welt allein, sondern zwischen *allen* Zweiheiten gesucht sein möchte.

*

Neben das »So ist es« der Erkenntnis tritt das »So sei es« des in der Sittlichkeit wirksamen Willens. – Der Wille erlaubt dem Ich, die Welt zu gestalten. Allerdings kann dies nur der *freie* Wille tun, denn wo das Wollen nicht frei ist, ist das Ich bestenfalls Zuschauer von Vorgängen, welche sich in der Welt nach deren Gesetzen abspielen, und die ihrerseits das Wollen bestimmen. Die Keime der Freiheit liegen bereits in der Person, der durchaus eine Neigung zur Selbsttätigkeit und Ungebundenheit innewohnt, auch wo ihr die bewusste Entscheidung für klar erkannte Motive noch fern liegt; und die Persönlichkeit kann, wenn nicht ohnehin das Ich durch sie spricht, Eigenschaften besitzen, welche sie der Freiheit nähern, zum Beispiel: Besonnenheit, Mäßigung, Entschlossenheit.

Es gibt auch Zerrbilder der Freiheit. Wenn ich bemerke, dass mir die Neigungen der Person nahelegen, ihr uneingeschränktes Ausleben für Freiheit zu halten, so habe ich einiges gewonnen; es wird mir dann nicht leicht geschehen, dass ich mich *frei* fühle, weil ich etwa die unbequemen Ratschläge meines Arztes in den Wind schlage. – Auch die Persönlichkeit kann mir Wechselbälger der Freiheit bescheren: Ich kann mich frei wähnen, bald weil ich um jeden Preis an erworbenen Standpunkten festhalte, bald weil ich ohne weiteres aus den Bindungen meines Lebens *aussteige*; in beiden Fällen verwechsle ich das *Anders*sein der Persönlichkeit mit wirklicher Unabhängigkeit, ganz zu schweigen vom Handeln aus dem Innersten. Das fehlgeleitete Freiheitsverlangen der Person schädigt deren Gesundheit und menschliches Umfeld oft in handfester Weise; die Abirrungen der Persönlichkeit auf dem Wege zur Freiheit höhlen den Menschen innerlich aus.

Freiheit gibt es nur im tätigen Ich; und sie setzt jene klare Erkenntnis voraus, welche die Motive zum Handeln im Reich der Ideen findet, ferner die geistige Liebe, welche die Ideen zu Idealen und sittlichen Beweggründen macht.

Im Vorfeld dieses Freiheitsideales steht das Handeln im Einklang mit der Stimme des *Gewissens*, auch wenn diese nicht immer aus der vollkommenen Erkenntnis der Motive stammt. Wenn man unter *Pflicht* ein Handeln nach starren Formen versteht, die von der Gesellschaft oder der Persönlichkeit geprägt sind, dann darf man sie allerdings als ein Hindernis innerer Freiheit betrachten. Andrerseits gibt es Ordnungen des Umgangs mit mir selbst und meinesgleichen, die sinnvoll sind, auch wenn sie *nur* aus Pflicht beachtet werden (zum Beispiel Pünktlichkeit, oder das Einhalten von Vereinbarungen); ja sie können sogar die Freiheit fördern, indem sie die Fesseln lockern, in denen die Seele von der Macht des Augenblicks und der Trägheit der Person gehalten wird.

Die Freiheit im Handeln ist untrennbar verbunden mit der eigenen *Verantwortung* für die freie Tat und ihre Folgen. Mich meiner Schuld zuwenden, wenn meine Eitelkeit sie mir verbergen möchte, von meiner Schuld absehen, wenn die Reue mich zu knechten droht – beides setzt eine innere Stärke voraus, auf die der freie Mensch nicht verzichten möchte. Er will eben – um mit dem Johannesevangelium (8,1-11) zu sprechen – beiderlei Motive kennen, sowohl die, welche ihn abhalten, den »ersten Stein« auf die Ehebrecherin zu werfen, als auch die anderen, denen er folgt, wenn er selbst das Wagnis unternimmt, »hinfort nicht mehr zu sündigen«.

Eine Novelle des japanischen Erzählers Ryunosuke Akutagawa (1892–1927)[50] veranschaulicht das Ideal eines verschwiegenen, Ich-getragenen Bewusstseins eigener Schuld. Sie heißt *Im Dickicht*: In einem abgelegenen Bambuswald wurde ein Mann erschlagen und seine Frau vergewaltigt. Unvermittelt stellt Akutagawa drei mutige Geständnisse nebeneinander: Der Räuber Tajomaru bekennt auf der Folterbank trotzig, dass er den Mann in offenem Zweikampf umgebracht habe, um ihm die Frau rauben zu können. Die Frau beichtet einem Tempelpriester, sie selbst habe ihren gefesselten Mann getötet, als er sie mit einem verächtlichen Blick dafür strafte, dass sie sich dem Räuber hingab. Schließlich bekennt der Geist des Toten durch den Mund eines Mediums, er habe sich selbst entleibt, weil die geliebte Frau freiwillig dem Räuber gefolgt sei. Keiner der drei lässt es sich nehmen, sich ganz zur Schuld bekennen, und damit die beiden anderen zu entlasten. Verinnerlichte Ritterlichkeit spricht aus diesem zu unendlicher Kontemplation auffordernden Zen-Paradoxon über die Würde des sittlichen Bewusstseins!

19 Der Einzige

»Wenn Fichte sagt, ›Das Ich ist Alles‹, so scheint dies mit meinen Aufstellungen vollkommen zu harmonieren. Allein nicht das Ich ist Alles, sondern das Ich zerstört Alles, und nur das sich selbst auslöschende Ich, das nie seiende Ich, das – endliche Ich ist wirklich Ich. Fichte spricht vom ›absoluten‹ Ich. Ich aber spreche von Mir, dem vergänglichen Ich.

Wie nahe liegt die Meinung, dass Mensch und Ich dasselbe

sagen, und doch sieht man z. B. an Feuerbach, dass der Ausdruck ›Mensch‹ das absolute Ich, die Gattung bezeichnen soll, nicht das vergängliche, einzelne Ich. Egoismus und Menschlichkeit (Humanität) müssten das gleiche bedeuten, aber nach Feuerbach kann der Einzelne (das Individuum) ›sich nur über die Schranken seiner Individualität erheben, aber nicht über die Gesetze, die positiven Wesensbestimmungen seiner Gattung.‹ Allein die Gattung ist nichts, und wenn der einzelne sich über die Schranken seiner Individualität erhebt, so ist dies vielmehr gerade Er selbst als Einzelner, er ist nur, indem er sich erhebt, er ist nur, indem er nicht bleibt, was er ist; sonst wäre er fertig, tot. Der Mensch ist nur ein Ideal, die Gattung nur ein Gedachtes. Ein Mensch sein, heißt nicht das Ideal des Menschen erfüllen, sondern sich, den Einzelnen darstellen. Nicht wie das Ich das ›allgemein Menschliche‹ realisiere, braucht meine Aufgabe zu sein, sondern wie ich Mir selbst genüge. Ich bin meine Gattung, bin ohne Norm, ohne Gesetz, ohne Muster u. dergl. Möglich, dass Ich aus Mir sehr wenig machen kann; dies wenige ist aber Alles und ist besser, als was ich aus mir machen lasse durch die Gewalt Anderer, durch die Dressur der Sitte, der Religion, der Gesetze, des Staates u.s.w.

Eigner bin ich meiner Gewalt, und Ich bin es dann, wenn ich Mich als Einzigen weiß. Im Einzigen kehrt selbst der Eigner in sein schöpferisches Nichts zurück, aus welchem Er geboren wird. Jedes höhere Wesen über Mir, sei es Gott, sei es der Mensch, schwächt das Gefühl meiner Einzigkeit und erbleicht erst vor der Sonne dieses Bewusstseins. Stell' Ich auf Mich, den Einzigen, meine Sache, dann steht sie auf dem vergänglichen, dem sterblichen Schöpfer seiner, der sich selbst verzehrt, und Ich darf sagen: Ich hab mein' Sach' auf Nichts gestellt.«[51]

Eine entschiedenere Antwort auf die sechste Frage zur Selbsterkenntnis (Wer bin *ich*?), als sie Max Stirner in dieser Schlüsselstelle seiner grandiosen Abhandlung *Der Einzige und sein Eigentum* gibt, ist kaum möglich! Die Einzigkeit jedes einzelnen Menschen war indes schon von Plotin vorgedacht worden:

»Denn es scheint ein Mensch zu genügen für alle Menschen, wie auch Seelen in begrenzter Anzahl unzählig viele Menschen hervorbringen. Allein Verschiedenes kann nicht nach demselben Maßstabe gemessen werden und ein beliebiger Mensch genügt nicht zum Musterbilde für bestimmte menschliche Individuen, die untereinander verschieden sind nicht bloß durch die Materie, sondern auch durch unzählige spezifische Unterschiede; denn sie verhalten sich nicht wie die Bilder des Sokrates zum Original, sondern man muss den Unterschied bestimmen aus der Verschiedenheit der Begriffe.«[52]

Auch Carl Gustav Carus hat die Einzigkeit der Idee eines jeden einzelnen Menschen vertreten und im letzten Kapitel der *Psyche* sogar versucht, daraus einen Beweis für die Ewigkeit der Seele zu gewinnen. Eindrucksvoll ist Stirners großartiger Entwurf von der Polarität des Einzigen und der Gattung im Alten Testament vorgebildet, dessen Bilderwelt klar unterscheidet:

den Staub der Erde,
den Sand am Meer,
die Sterne am Himmel.

Nach der Lehre der Kabbala waren alle *Seelenfunken* – wir würden sagen: alle Ich-Keime – ursprünglich in der umfassenden Seele des Urmenschen (Adam Kadmon) enthalten; dass sie damals schon Anlagen des Einzigseins besaßen, darf dabei mitgedacht werden, und die Offenheit dieser Anlage für Entwicklung und Entscheidung ist es, die in der Frage: Staub, Sand oder Stern? Gestalt annimmt.

Das Staubpartikel ist als bloßer Bruchteil eines Ganzen ohne eigene Qualität. Das Sandkorn verschmilzt, anders als der Staub, im Wasser nicht mit seinesgleichen; es bewahrt sein Getrenntsein mit jener Beharrlichkeit, die sich etwa in der Suppe eindrucksvoll geltend machen kann ... Bei aller Ähnlichkeit der Sandkörner, die natürlich sofort in der Vordergrund tritt, wenn ihrer viele sind, besitzt und bewahrt jedes doch eine Form, die es von den anderen unterscheidet. Der Stern schließlich hat nicht nur seine eigene Qualität, auch wenn es dem Auge schwer fällt, sie zu erkennen, sondern auch seinen eigenen Ort, und damit eine ihm allein zukommende Beziehung zu allen anderen Sternen. Stäubchen, Sandkörner und Sterne können gezählt werden. Beim Staub ist diese Möglichkeit nicht sinnvoll, man behandelt ihn mit Recht als ein meßbares oder wägbares Kontinuum im Raum. So wird man auch den Sand behandeln, auch wenn man einzelne oder wenige Sandkörner durchaus als getrennte Dinge wahrnimmt. Sterne dagegen kann man nur zählen, wenn man sich auf ein abgezogenes gemeinsames Merkmal beschränkt, den *Lichtpunkt*; von alters her fasst man sie daher nicht in Mengen, sondern in Bildern zusammen, ja man gibt ihnen sogar Namen.

Kein Erdenwesen kann den Staub entbehren; es bildet aus ihm seinen Leib, so dass der Staub eine Zeit lang Gast im Reich der Einzigkeit ist, bis er wieder in seine Sphäre zurückkehren muss. Dem Staube verwandt sind die Gattungseigenschaften der Person; man kann sie noch weniger zählen als den Staub, allenfalls ihre Stärke in Annäherung messen; dennoch erhalten sie in der regelmäßigen Entwicklung eine Richtung auf die Einzigkeit hin: Das Besitzenwollen, der Machtgenuss, überhaupt der kreatürliche Egoismus sind beim Menschen viel stärker und differenzierter ausgeprägt als beim Tier und heben den einzelnen Menschen unter Umständen schon durch ihre Maßlosigkeit über das Herdenwesen hinaus, bis dahin, dass sie ihn die *Einsamkeit* fühlen lassen – welche der Einzigartigkeit vorausgeht wie Kundry dem Gral. Der Besitz einer geprägten Einzelform verbindet das Sandkorn mit der Persönlichkeit. Letztere kann ihre Eigenart, wie erwähnt, anfangs und in Zeiten innerer Schwäche oft nur als *Anders*sein der Persönlichkeit geltend machen, dessen seelische Grundlagen im Wollen die *Willkür,* im Denken die *Meinung* und im Fühlen die *Sentimentalität* sind.

*

Max Stirner hat sich nicht damit begnügt, die Einzigartigkeit des Ich festzustellen, er hat sich auch zum *höchsten Wert* des Einzigen bekannt, einem Wert, den der Einzige zuerst sich selbst beimisst; Stirner hat dabei freimütig von »Egoismus« gesprochen. Nun gebrauchte man dieses Wort dazumal noch nicht ausschließlich in dem tadelnden Sinn, den man ihm heute beilegt, um damit die Selbstsucht zu bezeichnen. Dennoch entging Stirner dem Vorwurf nicht, den Eigennutz gepredigt zu haben.

Dieser Vorwurf setzt allerdings voraus, dass der Mensch ohne weiteres die Wahl habe, selbstsüchtig *oder* selbstlos zu sein. Der Egoismus ist jedoch nicht eine beliebig abzulegende Untugend, sondern die notwendige Folge des seelischen Selbstbezuges. – Die Wahrnehmung meiner Innenwelt im Verhältnis zum Ich des anderen, ja der Welt überhaupt unterliegt einer Verzerrung, welche das zu mir Gehörige vergrößert oder verkleinert: Meine Wünsche und Bedürfnisse erscheinen stärker als die der anderen, meine Schuld kleiner: »Was siehst du aber den Splitter im Auge deines Bruders, doch den Balken in deinem Auge nimmst du nicht wahr?« (Matth. 7,3). Dieser Verzerrung ist nur langsam durch ausdauernde Selbstentwicklung beizukommen, denn sie beruht auf der mächtigen Tatsache, dass meine eigene Innenwelt mir zunächst unter allen Umständen näher ist, als die anderer Wesen, ungeachtet aller angeborenen Fähigkeit zum Mitleiden oder -freuen. Die Frage lautet also: Wie ist angesichts dieser tiefen Wurzel des Egoismus Selbstlosigkeit im Streben und Handeln des Ich möglich?

Bekanntlich hat Immanuel Kant die *Pflicht* als höchste sittliche Kraft betrachtet, und so die Anschauung gefördert, Handlungen, die aus irgendeiner *Neigung* heraus vollzogen werden, stünden niedriger als der Vollzug des Pflichtgebotes. Diese Einstufung der Pflicht musste einen Gegenschlag auslösen, der das Verhältnis genau umkehrte; nun behauptete man: Es ist eigentlich alles gut, was der Mensch aus Neigung tut; Handlungen, die bloß aus Pflicht vollzogen werden, könnten ebensogut unterbleiben. Keine dieser beiden Ansichten wird dem Leben gerecht: Es gibt nämlich Anforderungen an unser Handeln, bei denen es ziemlich unwichtig ist, ob sie aus Pflicht oder Neigung geschehen – zum Beispiel das Löschen eines Brandes! Auf der anderen Seite gilt, was besonders Friedrich Schiller hervorgehoben hat: Meine Neigung kann mich zu Taten hinziehen, die auch von der Pflicht gefordert werden, und ich erlebe dies nicht als Minderung, sondern als Erhöhung ihres sittlichen Wertes. Daher Schillers launiger Hinweis auf seine »Gewissensskrupel«:

> Gerne dien' ich den Freunden, doch tu ich es leider
> mit Neigung,
> Und so wurmt es mir oft, dass ich nicht tugendhaft bin.

Wenn man der Neigung auf den Grund geht, stößt man auf das Problem des Egoismus. Aber: Findet man nicht genau dasselbe, wenn man auch das anscheinend so selbstlose Pflichtgefühl untersucht?

»Ich bin von Misstrauen erfüllt gegen die Menschen, die viel von Selbstlosigkeit, von Altruismus sprechen. Mir scheint, gerade diese Menschen haben kein rechtes Gefühl für das egoistische Behagen, das eine selbstlose Handlung gewährt.«

Die für manchen Leser sicherlich erschreckende Entdeckung: Das Selbst genießt auch seine Selbstlosigkeit, wurde in dieser radikalen Form von Rudolf Steiner ausgesprochen.[53] Sie führt zum Kern der Neigung, wie Schiller sie verstand. Nicht jede selbstsüchtige Regung ist sogleich mit einer selbstlosen Zielsetzung verbunden. Es kann diese Verbindung aber gefördert werden, mit anderen Worten, man kann den Egoismus adeln:

»Wo das persönliche Interesse, die Subjektivität, die Selbstsucht eines Menschen so veredelt sind, dass er nicht an der eigenen Person allein, sondern an der ganzen Welt Anteil nimmt, da ist allein Wahrheit; wo der Mensch so kleinlich ist, dass er nur durch Verleugnung seines persönlichen Interesses, seiner Subjektivität die großen Geschäfte der Welt zu besorgen vermag: da lebt er in der schlimmsten Daseinslüge.«

Hilfreich sind diese Gedanken Rudolf Steiners für denjenigen, der Max Stirner gerecht werden will. Man braucht Stirner keineswegs zugute halten, er habe unter Egoismus nur einen zum äußersten getriebenen Individualismus verstanden, um ihn gegen den Vorwurf einer Verherrlichung der Selbstsucht zu verteidigen:

»Nicht selbstlos soll der Mensch werden; das kann er nicht. Und wer sagt, er kann es, der lügt. Aber die Selbstsucht kann sich bis zu den höchsten Weltinteressen aufschwingen. Ich kann die Angelegenheiten der ganzen Menschheit besorgen, weil sie mich ebenso wie meine eigenen interessieren, weil sie zu meinen eigenen geworden sind. Der »Eigene« Stirners ist nicht das bornierte Individuum, das sich einkapselt und die Welt Welt sein lässt; nein, dieser »Eigene« ist der wahre Repräsentant des Weltgeistes, der sich die ganze Welt als sein »Eigentum« erwirbt, um so die Angelegenheiten der ganzen Welt als seine eigenen zu behandeln. Erweitert euer Selbst nur erst zum Welt-Selbst, und dann handelt immerzu egoistisch. Seid wie das Hökerweib, das Eier auf dem Markte verkauft. Nur besorgt nicht das Eiergeschäft aus Egoismus, sondern besorgt das Weltgeschäft aus Egoismus!«

20 Werdesal

In seiner Nibelungendichtung lässt Wilhelm Jordan die Schicksalsgöttinnen dem Menschen verkünden, dass er selbst die *Ursache* seiner Einzigkeit ist:

Dein eigen ist alles,
Dein Heil wie dein Unheil,
Dein Wollen und Wähnen,
Dein Sinnen und Sein.
Wohl kommen, gekettet
In ewige Ordnung,
Die Larven des Lebens,
Die Scharen des Scheins;
Sie ziehen die Zirkel,
Sie zeigen die Ziele,
Sie impfen den Abscheu,
Sie wecken den Wunsch;
Doch dein ist das Dünken,
Und wie du geworden,
So wirst du dich wenden,
Wir wissen die Wahl.

Es formt unser Finger
Aus ewigem Vorrat
Den Faden des Lebens
Das einzelne Los.
Wir spinnen und spulen
Und weifen und weben
Den Teppich der Taten
Am Webstuhl der Welt.
Gezogen vor Zeiten
Von uns ist der Zettel,
Dein eigen der Einschlag
Das Muster, o Mensch (...)

Dein eigen ist alles,
Dein Heil wie dein Unheil,
Es lenken die Lose
Dein Herz und sein Hang.[54]

Es sind Geschöpfe meiner Einzigkeit, die mir in den Prüfungen des Schicksals nahen. Der österreichische Lyriker und Weltweise Rudolf Stibill erkannte, dass dem Ich mit der Verantwortung für den Ursprung seiner Schicksale auch die Macht über deren endliche Erlösung gegeben ist:

»Wir werden lieben lernen müssen, was uns weh tut, wir werden es zu uns hereinbitten müssen, wenn es anklopft, und sagen: Ich weiß, du meinst mich. Ich weiß, du brauchst jemanden, der nicht NEIN sagt – Und wenn uns das einmal gelingt, wird es sich endlich aufgehoben fühlen, aufgehoben fühlen von unseren Armen, und wie ein Kind, das zu lange draußen in der Kälte gewesen ist, bei uns einschlafen ... wie ein endlich, für ungültig erklärtes Gesetz. Nicht uns zu vernichten ist sein Anspruch, nein, es selbst möchte zunichte werden.«[55]

Friedrich Hölderlin überschaute den Großkreis der Schicksalsbahn als das Ganze, in dem alles enthalten ist, was das Ich von außen an die Folgen seiner Einzigkeit zu gemahnen vermag: das Scheitern, die Macht des Nicht-Ich in Seele und Welt, der Wille der »Himmlischen«. Über den Landschaften aber, die der Bogen des »Lebenslaufes« umspannt, steht das Firmament der Freiheit, an welchem der Stern des Ich aufsteigt:

Größers wolltest auch du, aber die Liebe zwingt
All uns hernieder, das Leid beugt gewaltiger,
Doch es kehret umsonst nicht
Unser Bogen, woher er kommt!

Aufwärts oder hinab! Herrschet in heiliger Nacht,
Wo die stumme Natur werdende Tage sinnt,
Herrscht im schiefesten Orkus
Nicht ein gerades, ein Recht noch auch?

Dies erfuhr ich. Denn nie, sterblichen Meistern gleich,
Habt ihr Himmlischen, ihr Alleserhaltenden,
Dass ich wüßte, mit Vorsicht
Mich des ebenen Pfades geführt.

Alles prüfe der Mensch, sagen die Himmlischen,
Dass er, kräftig genährt, danken für alles lern',
Und verstehe die Freiheit,
Aufzubrechen, wohin er will.

Als auf Erden strahlender Stern kann das Ich sein Einzigsein nicht nur erleben und erleiden, sondern auch schaffen und gestalten. Die von Geburt und Tod begrenzte Gestalt des Lebensweges und -werkes ist Ausdruck seiner Einzigkeit. Durch die Art, wie es sich die Eigenschaften der Person (Lebensalter, Geschlecht, Temperament, Volkstum, Vererbung) – an*eignet*, prägt das Ich sein Wesen und Wollen den Gaben der Gattung ein und schreibt so den Lebenslauf: die *Bio*graphie. Anders die Persönlichkeit: Sie löst sich von den trittfesten Gestaden der Gattung und treibt auf das Meer der Subjektivität hinaus; was sie dort an Einzigartigkeit erfährt und erreicht, das ist der Seelenweg: die *Psycho*graphie. – Schließlich gibt es noch ein drittes:

»Eine schöpferische Arbeit im Felde der Begriffe ist selten. Von jedem denkenden Menschen aber ist zu erwarten, dass er die von ihm verwendeten Begriffe so weit durchschaut und so genau verwendet, als ob er selbst sie erfunden hätte. Dadurch erst beginnt er, vor den Phänomenen seines Lebens selbständig zu erkennen, das heißt durch Wahrnehmungen sich anregen zu lassen, am Reiche der Ideen bewussten Anteil zu gewinnen. Hier lässt sich ein weiterer Schritt zum Verständnis einer geistigen Wesenheit in jedem erkennenden Menschen tun.

Langsam erwandert der Suchende und Erkennende einen eigenen Weg in das Reich des Geistes; der Weg verläuft bei jedem anders, weil niemand seiner Einsicht gebieten kann; auch der Einfall kommt, wann und wo er eben geschieht. Dieser einsame Erkenntnisweg ist etwas anderes und er steht höher als die Reihe der seelischen Erlebnisse, welche normalerweise den Inhalt einer Biographie bildet. Die Reihe der Erlebnisse entsteht durch die Begegnung des leiblichen Menschen mit der Welt. Der Erkenntnisweg aber entspringt dem Zusammenspiel der Möglichkeiten der Seele mit einem uns unbekannten oder im Gefüge der deen nur erahnten inneren Gesetz des Geistes. So ergibt sich neben der physisch-seelischen Biographie eine zweite, geistige.«[56]

Es ist die Chronik der freien Taten des Ich: die *Pneumato*graphie, von der Diether Lauenstein hier spricht. Außer den schöpferisch erarbeiteten Begriffen entspringen auch die Ideale der Lebensgestaltung und des Wirkens in der Welt, die sittlichen Maßstäbe des Handelns und alle künstlerischen Entwürfe dem Ich, knüpfen an seine Einzigkeit an und werden sie in der Zukunft weiter gestalten. Und nicht zuletzt sind der Glaube als »freiwilliges Beruhen«, und mit ihm das tätige Lieben und Hoffen die in Freiheit gegebene Antwort des Ich an die Geheimnisse und Offenbarungen des Lebens.

Die größte stoffliche Dichte und Kontinuität besitzt der Lebenslauf; die Bewegungen des Seelenweges geben der Persönlichkeit Gelegenheit, in dem Wechsel von Hingabe und Widerstand, mit dem sie sich dem Strom der Subjektivität einschreibt, ihr Anderssein zum Einzigsein auszubilden. Die Geschichte der Geistestaten wird über weite Strecken unterbrochen sein, denn sie verzeichnet Augenblicke, Stunden, vielleicht Tage, jedenfalls immer nur die Einschläge und Eingriffe des Ich. Sie ist von der Zeitlichkeit aus betrachtet Stückwerk; von der Ewigkeit her gesehen sind es jedoch die Teile, welche das Ganze zusammenhalten: Durch die in Treue wiederkehrenden Einzeltaten der Freiheit erhebt sich der Äon des Ich aus dem zerfallenden Chronos von Person und Persönlichkeit.

Aus Biographie und Psychographie macht die Pneumatographie ein Ganzes, das »*Werde*sal« heißen soll: Das dem von außen kommenden *Schick*sal antwortende *tätige Werden des Einzigen.*

21 Die Heilige Lanze

In den Gewissensregungen, moralischen Intuitionen und Idealen, in denen das Ich seine Einzigkeit erkennt, waltet ein Wille, der nicht allein auf das Nicht-Ich gerichtet ist, sondern zuvörderst auch auf das *Noch-nicht-Ich,* dem die siebte Grundfrage der Selbsterkenntnis gilt. Im Angesicht des Ideals erkennt das Ich seine Unvollkommenheit. Es weiß: Dieses Unvollkommene gehört zu mir, wenn anders ich mich zum Ideal bekennen will. Sobald sich nun der Wille auf die Verwirklichung des Ideals richtet, erlebt das Ich: Ich kann mich zwar allzeit durch eine augenblickliche Schöpfung zu mir selbst erwecken, nicht aber das Ideal meiner Einzigkeit einfach aus dem Nichts heraus in die Welt setzen; was mir zur Vollkommenheit fehlt, muss ich durch Selbstentwicklung allmählich erringen. – Bei Bernhard Kallert, einem spät geborenen Erben des Idealismus, finden sich Gedanken, die helfen, dies klarer zu fassen:

»Der Weg zur Selbstbefreiung des Denkens oder zur absoluten Möglichkeit ist die Übung im Denken. In der Absolutheit der Möglichkeit sich selbst ergreifend erlebt das Denken sich als ›Ich‹. Es kann sich sagen: ich bin die Möglichkeit, in mir ist alles möglich, ich trage alles in mir, in mir ist alles, ich bin. Das ›Ich bin‹ oder die absolute Möglichkeit ist also die höchste Idee, ist die Idee der Idee.«[57]

Die Deutung des Ich als »absolute Möglichkeit« fasst vieles zusammen, was bisher bedacht wurde – und der Begriff der *Übung* führt darüber hinaus! Kallert wendet ihn mit gutem Grund zunächst auf das *Denken* an – den Schlüssel zur bewussten Selbsterfassung; von dort aus lässt sich das Üben auf alles ausdehnen, was das Ich an sich selbst und an seinen Hüllen tätig gestaltet. Wohl kann mich das Leben durch Schicksalsschläge wie Krankheit, Leid und Scheitern auf die Tätigkeit im innersten Kreis des Ich verweisen. Ist das aber ein Grund, untätig auf die Stunde der Prüfung zu warten? Warum soll ich nicht versuchen, die Bewährung durch getreues Üben vorzubereiten? Im Üben ergreift so das handelnde Ich-*bin* das *Ich*-bin des Einzigen, und diese Vereinigung schließt das gewordene ›*der* bin ich‹ ein; gehört doch zum Bild des aus dem Ich gewordenen auch das Unvollkommene – das Holz, das im Feuer der Übung brennt.

Das übende Ich lebt in Leib und Seele, und lässt sich weder von der Natur trennen, aus der Leib und Seele hervorgehen, noch aus dem Zusammenhang mit seinesgleichen lösen. Die Pflege der natürlichen und sozialen Umgebung durch das Ich und für das Ich heißt *Kultur*. Quell und Ziel alles Kulturschaffens ist die *Selbstentwicklung*.[58]

Die Selbstentwicklung beginnt mit der Erweckung durch das tätige Denken. Es liegt nahe, auch beim Üben vom Denken auszugehen, und die Übungen im Denken werden sinnvollerweise mit der »praktischen Ausbildung«[59] desselben beginnen. Diese ist auch Voraussetzung für das Erlernen des reinen Denkens und das Studium der Erkenntnistheorie.

Der Pflege der dem Ich dienenden Gesundheit von Leib und Seele, sowie das Ordnen der Wechselbeziehungen zwischen dem Ich und diesen Hüllen dient die seelische Hygiene oder »Diätetik der Seele«, wie sie Ernst von Feuchtersleben[60] vertreten hat. – Die technische Zivilisation hat Schädigungen im Kulturorganismus bewirkt, welche die Entwicklung des Ich ernsthaft gefährden. Man muss die Annehmlichkeiten, welche diese Zivilisation bietet, nicht in Bausch und Bogen ablehnen, um zu sehen, dass sie erkauft wurden mit Nervosität, Oberflächlichkeit, Denkfaulheit, Angst, Gewalttätigkeit, Depression und Sinnlosigkeit im Leben von Millionen Menschen. Die hygienischen Übungen haben daher das Ziel, das gesunde Verhältnis zwischen Ich, Seele und Leib soweit herzustellen, dass ein Wirken des Ich in der Welt überhaupt möglich wird. Wie die Meister der fernöstlichen Malkunst, bevor sie zum Pinsel greifen, Ordnung und Ruhe am Arbeitsplatz einkehren lassen, so muss dem Ich als Meister der Seele der Weg erst durch die Gesundung der Hüllen bereitet werden.[61]

Das diätetische Bemühen wird anfangs oft therapeutischen Charakter haben und Versäumtes nachholen; früher oder später mündet es dann in die Pflege der wieder erreichbaren seelischen Gesundheit: Es wird zur »Lebenskunst«, wie sie Carus im Einklang mit Goethe verstand, und die das maßvolle »Erkenne dich selbst« einschließt: »Gib einigermaßen acht auf dich selbst, nimm Notiz von dir selbst, damit du gewahr werdest, wie du zu deinesgleichen und der Welt zu stehen kommst.« Dies ist der zweite Schritt zur Bewältigung des ›Wichtes‹: Jener Teil des Unbewussten, welcher der Selbsterziehung auf dieser Stufe zugänglich ist, wird nun vom Ich in Gewahrsam genommen.

Nicht zuletzt gehören zu den Kennzeichen unserer Zeit auch das Interesse für Wahrnehmungsmöglichkeiten jenseits der zunächst gegebenen Sinneserfahrung und das spontane Auftreten solcher teilweise zu Recht als ›übersinnlich‹ bezeichneten Wahrnehmungen. Die damit verknüpften Erlebnisse stellen das Ich vor Herausforderungen, auf die es nur in den wenigsten Fällen vorbereitet ist. Um von solchen Erfahrungen nicht überwältigt zu werden, kann es eine dritte Art von Übungen vornehmen; sie betreffen das geistige Wesen des Ich im weitesten Sinne und erfassen daher auch das moralische Leben. Das Gebiet der *geistigen Schulung*, das damit betreten wird, reicht viel weiter als die diätetische Zielsetzung dieses Buches; doch sei wenigstens ein Gedicht von Christian Morgenstern angeführt, das die Voraussetzungen einer solchen Schulung zusammenfasst:

Geschöpf nicht mehr, Gebieter der Gedanken,
des Willens Herr, nicht mehr in Willens Frone,
der flutenden Empfindung Maß und Meister,

zu tief, um an Verneinung zu erkranken,
zu frei, als dass Verstocktheit in ihm wohne:
So bindet sich ein Mensch ans Reich der Geister:

So findet er den Pfad zum Thron der Throne.[62]

*

»Ein Chassid des Lubliners fastete einmal von Sabbat zu Sabbat. Am Freitagnachmittag überkam ihn ein so grausamer Durst, dass er meinte sterben zu müssen. Da erblickte er einen Brunnen, ging hin und wollte trinken. Aber sogleich besann er sich, um einer kleinen Stunde willen, die er noch zu ertragen hätte, würde er das ganze Werk dieser Woche vernichten. Er trank nicht und entfernte sich vom Brunnen. Stolz flog ihn an, dass er die schwere Probe bestanden habe. Wie er dessen inneward, sprach er zu sich: ›Besser, ich gehe hin und trinke, als dass mein Herz dem Hochmut verfällt.‹ Er kehrte um und trat an den Brunnen. Schon wollte er sich darüber neigen, um Wasser zu schöpfen, da merkte er, dass der Durst von ihm gewichen war. Nach Sabbatanbruch betrat er das Haus seines Lehrers. ›Flickarbeit!‹ rief ihm der an der Schwelle zu.«[63]

Eine Bewährung der Willenskraft, wie sie die Fastenwoche ›aus einem Guß‹ gewesen wäre, ist ein berechtigtes, sinnvolles Ziel. Aber: Eines ist asketischer Verzicht, wie ihn das Fastengebot fordert, ein anderes die Schöpfung neuer Fähigkeiten durch das Ich. Im Zeichen des Übens wird auch die mir auferlegte *Flickarbeit* etwas ganz anderes. Das Üben wird nämlich gerade durch die Zeiten der Unterbrechung wirksam. Der Siegelabdruck des Ich, insofern es Träger der Entscheidungsfähigkeit ist, besteht geradezu in der Fähigkeit zum klaren, gültigen Ja *oder* Nein: »Eure Rede aber sei: Ja, ja; nein, nein.« (Matth. 5,12) Indem es sein Ja und Nein als *bewussten Anfang* und *bewusstes Ende* der Übung setzt, stärkt das Ich seine Entscheidungskraft. Es entsteht *Rhythmus,* durch den das Üben überhaupt erst fruchtbar werden kann, denn die Früchte des Übens reifen in der Zeit zwischen den Übungen. Dabei ist es ratsam, etwa wenn die Übung in Gebet oder Meditation besteht, die herausgehobene Stimmung nicht einfach in die ›alltägliche‹ Zwischenzeit weiterfließen zu lassen, denn dadurch würde sowohl das Alltagsleben seine Unbefangenheit verlieren, als die innere Versenkung ihre Kraft und Reinheit einbüßen. Am wirksamsten sind Zeiten der inneren Übung im übrigen Leben, wenn sie sich aus diesem herausheben. Das ist das Geheimnis des Rhythmus.

Rhythmus aber ist nicht nur Wechsel zwischen Ja und Nein, sondern zugleich auch *Wiederkehr.* Der vom Ich getragene Wille zur Wiederkehr heißt *Treue.* Durch die Treue festigt das Ich nicht nur seine Herrschaft über den Strom der Zeit – indem der Mensch dem Entschluss zum Üben treu bleibt, vollzieht er eine Handlung, von der er weiß: Sie ist vollkommen frei! Und wenn es die einzige freie Handlung ist: Der Schritt an dem Türhüter vorbei ist getan – ein für alle Mal … In meiner Treue zum Entschluss des Übens beantwortet sich das »Wer bin ich?« in allen drei Gestalten: Ich weiß dabei erst wirklich *wer* ich bin, vergewissere mich, dass ich *bin,* und erfahre, dass ich *einzig* bin!

Soziale Verhältnisse, welche das Beschreiten von Übungswegen fördern, sind zwar denkbar und sicher auch wünschenswert. Allein, solchen Verhältnissen geht in jedem Falle der individuelle Entschluss zur Übung voran: Das ›Ei‹ der »absoluten Möglichkeit« kommt vor der brütenden ›Henne‹ heilsam pflegender Gemeinschaft, und keine Hilfestellung führt an dem »schmalen Pfad« vorbei, der an jener »engen Pforte« (Matth. 7,13f.) endet, wo jeder für sich alleine steht. Es ist der Ort, von dem der Wahlspruch der alten Klausner gilt: *beata solitudo – sola beatitudo* (O selige Einsamkeit, du einzige Seligkeit!). Jedoch, einmal angekommen im Raum der Selbstentwicklung ist der Schritt von der *Seligkeit* zur *Heiligkeit* naheliegend und oft wie von selbst getan: Ich bemerke alsbald, dass die Entfaltung der Keime des in mir Möglichen für meinesgleichen und für die Welt kostbarer sein können, als das bloße Meiden der Selbstsucht.

»Nur eine Waffe taugt – die Wunde schließt der Speer nur, der sie schlug.« Dieses Wort, das Wagners *Parsifal*[64] in dem Augenblick spricht, da er sich der Kraft des Mitleids bewusst wird, bewahrheitet sich in der Heilung des seelischen Selbstbezuges durch den Übungsweg, und mehr noch in dessen Heiligung durch die wahre Liebe zur Welt. Das sich selbst bildende, erziehende, ohne Eitelkeit schmückende Ich schmückt den

Garten der Seele, und die so geschmückte Seele schmückt den Garten der Welt, ihren Bewohnern zu Freude und Gewinn, wie es in Friedrich Rückerts sprichwörtlich gewordenen Versen aus *Mensch und Welt* heißt:

Möge jeder still beglückt
Seiner Freuden warten!
Wenn die Rose selbst sich schmückt,
Schmückt sie auch den Garten.

ICH IM NICHT-ICH
Das Reich des Fühlens

Die ewige Sehnsucht, wie kurz sie währt …!

Fernando Pessoa[65]

22 Das Wesen der Seele

Auf dem Weg, der vom ›Teppich‹ der Erfahrung über die Begriffsbildung im Denken zum Erkennen der Wahrheit führt, nimmt das Verhältnis von Ich und Nicht-Ich, oder, wie man auch sagen kann, von *Innen* und *Außen* wechselnde Gestalten an. Die Erfahrung ist beides: Begegnung *und* Trennung von Ich und Welt, denn als Erfahrungsinhalt tritt die Welt in das Ich und offenbart sich, sobald die Zweifellosigkeit erlebt wird, als Nicht-Ich. Ich bin mir sicher, diesen Inhalt nicht erzeugt zu haben. Dann finde ich innerhalb der Erfahrung das Denken, dessen Inhalt ich mir gewiss bin, weil er zugleich als Erfahrung aus sich spricht und als ganz aus meiner Tätigkeit hervorgehender nichts enthält, was ich nicht vollkommen überschaute.

Novalis hat in einem seiner *Blütenstaub*-Fragmente versucht, das Wesen der Seele aus dem Verhältnis von Innen und Außen abzuleiten: »Der Sitz der Seele ist da, wo sich Innenwelt und Außenwelt berühren. Wo sie sich durchdringen, ist er in jedem Punkte der Durchdringung.« Während die Erfahrung die zarteste Form der *Berührung* von innen und außen ist, beginnt im Denken die *Durchdringung* von Berührtem und Berührendem, um in der Erkenntnis einen Punkt zu erreichen, der an der Schwelle zur *Vereinigung* von Innen und Außen liegt; auf dieser Stufe wird das Ich dem Licht vergleichbar, das ja auch im Sichtbarmachen der Gegenstände eins mit deren Sichtbarkeit wird und eben deshalb nicht getrennt wahrnehmbar ist. Auch der Wille durchläuft diese drei Stufen: Im

Widerstand berührt oder ertastet das Ich die Welt, im Handeln durchdringt es sie und im Vollbringen darf es sie einen Augenblick lang als Teil seiner selbst erleben. Für diese Stufen der Begegnung von Ich und Nicht-Ich gilt: Das Ich nimmt das Nicht-Ich in sich auf. Nun kann sich das Verhältnis aber auch umkehren, sodass gilt: Das Ich befindet sich im Nicht-Ich ...

Carl Unger geht daher noch einen Schritt weiter als Novalis und behauptet:

> »Die Seele ist die Identität von Ich und Nicht-Ich.«[66]

Während in der Vereinigung das zugrunde liegende Verhältnis von Innen und Außen fortbestehen kann, wird in der Identität das Außen Innen und das Innen Außen. Dieser Zustand wird im *Fühlen* erreicht. Das Gefühl entsteht ohne Zutun des Ich – man kann es unter Umständen *wachrufen*, aber man kann es nicht *erzeugen*; daher gehört es dem Nicht-Ich an. Als erfahrbarer Seeleninhalt ist das Fühlen *im* Ich. Zugleich aber besteht es in der unbedingten Hingabe des Ich, in seiner Fähigkeit, in die Tiefen der eigenen Empfindungsfähigkeit einzutauchen. Diese aber ist das mit ihm identische Nicht-Ich, in welchem es sich fühlend erlebt. Die unendliche Tiefe des Fühlens findet also ihre Erfüllung, indem sie zum Gefäß für die ebenso unendlichen Inhalte der Erkenntnis und der Liebe zum Ideal wird, die dem Wollen seine Kraft gibt. – Erst wenn jene Umstülpung erfolgt ist, in der das Ich im Umgreifen des Nicht-Ich erweckt wird, kann ermessen werden, was es heißt, dass dessen ungeachtet immer etwas vom Ich *im* Nicht-Ich verbleibt, ja verbleiben muss, wenn anders das Ich wahrhaft reifen soll.

Das Gefühl ist immer ein Bezug der Welt auf das Ich, ein Erlebnis, das nur für *mich* Gültigkeit hat: Nicht, was die Welt *ist*, zählt hier, sondern, was sie mir *bedeutet*. Dass diese Bedeutung mir durchaus auch Wert und Tiefe der Welt erschließt, kann eine wichtige Ergänzung meines Erkennens sein, ist aber kein Grund, das Fühlen gegen das Erkennen auszuspielen. Wer Letzteres versucht, der wird bemerken, dass auch das Umgekehrte gilt: Ohne die Befruchtung durch Denken und Erkennen verödet das Fühlen.

Die dem Ich eigene unbedingte *Möglichkeit* gewährleistet, dass die Hingabe an das Gefühl kein Versinken ins Bodenlose bedeutet, denn zum Horizont des Möglichen gehört wiederum auch das Umfassen eben jener Hingabe durch die Freiheit des Ich. Obwohl von Freiheit des im Nicht-Ich sich erfühlenden Ich gegenüber dem Gefühl selbst zunächst keine Rede sein kann, bleibt dem Ich die freie Herrschaft über seine Gedanken und Entschlüsse, auch und gerade wenn diese dem Widerstreben von Lust und Unlust abgerungen werden.

Das Umfassen des Nicht-Ich durch das zugleich in ihm enthaltene fühlende Ich wird in zwei Schritten vollzogen: Zuerst gibt sich die Seele im Licht der inneren Wahrhaftigkeit Rechenschaft über das Verhältnis des jeweils wirksamen Gefühls zu jenem Gewissens-Keim, durch den sich das Ich in der Person ankündigt; im zweiten Schritt entringt sich der Ich-Wille den Schwerekräften der natürlichen Person: Der Mensch lernt, das Hingegebensein an das Gefühl von der Überwältigung des Ich zu unterscheiden, welche droht, wenn das Gefühl nicht nur die Tiefen der Seele erquellen lässt, sondern darüber hinaus unmittelbar auf Denken und Wollen übergreift und so die beiden anderen Seelenkräfte unterjocht, um sie bald zu lähmen, bald in Affekthandlungen mit sich fortzureißen. Indem das Ich fähig wird, auch gegen den Drang von Lust und Unlust Herr seines Denkens und Handelns zu bleiben, schafft es in sich selbst eine neue Kraft und hebt das Gefühl, ohne es abzutöten, im Gefäß der Freiheit zu sich empor.

*

So schwer sich die Person von der Macht des Fühlens löst, so leicht gerät das denkende Ich in einen gefühlsfernen Zustand der Abgezogenheit oder Abstraktion; und wo es nicht selbst den in jeglichem Gedanken ruhenden Keim lebendiger Empfindung weckt, muss es oft durch die Schicksale der Person ins

Leben zurückgeführt werden. Das Schwingen der Seele zwischen Hingabe und Selbstbeherrschung, zwischen der natürlichen Person und dem vernünftigen Ich, kann, namentlich in der Persönlichkeit, zur *Seelenbildung* gesteigert werden. Dabei entfalten sich aus dem Zusammenspiel dreier Gewichtungen, welche nach Carl Unger in der identischen Beziehung von Ich und Nicht-Ich möglich sind, gleichsam ›seelische Kulturlandschaften‹:

- in der *Empfindungsseele* überwiegt das Nicht-Ich das Ich;
- in der *Verstandes- und Gemütsseele* stehen beide im Gleichgewicht;
- in der *Bewusstseinsseele* überwiegt das Ich das Nicht-Ich.

Diese Provinzen des Seelenlebens entsprechen den schon bekannten Stufen des Selbsterlebens:

- die Empfindungsseele dem Keimen des Ich in der Person;
- die Verstandes- und Gemütsseele dem Reifen des Ich in der Persönlichkeit;
- die Bewusstseinsseele dem Fruchten in der Selbsterweckung des Ich.

Wie die Stufen des Selbsterlebens je nach Alter und Veranlagung ineinandergreifen und einander abwechselnd überwiegen, so tun dies auch die drei Seelenprovinzen. Sie bilden, gemäß ihrer jeweiligen Beziehung zu Leib, Seele und Geist des Menschen innere Landschaften, deren jede ein eigenes Klima besitzt. (Ihr charakteristisches Verhältnis bestimmt übrigens auch die kulturell vermittelten seelischen Eigentümlichkeiten von Völkern und Stämmen!) – Fenster zu diesen inneren Landschaften sind *drei Meisterstiche* von Albrecht Dürer, die erstaunlich genau das dreifache Verhalten von Ich und Nicht-Ich spiegeln.

Der Reichtum der Empfindungsseele beruht – daher ihr Name – auf der Fülle der Sinnesempfindungen, aber nicht weniger auf der ihr Selbstsein begründenden Kraft der Erinnerung, sowie auf der Macht elementarer Gefühle und Leidenschaften. Der »Hieronymus im Gehäuse« [Tafel 1] sitzt in einem nach dem Maß des Menschen gebauten Innenraum, in dem die Welt der Sinne nachklingt: Sie scheint durch die Butzenscheiben herein, jedoch so, dass das Licht für diesmal nicht die Bilder der Welt hereinträgt, sondern den Mikrokosmos des Inneren erhellt. Dieser ist als behaglicher Wohnraum gestaltet, bescheiden, keineswegs als karge Klosterzelle. Die Aufmerksamkeit des Klausners ruht auf den Zeichen und Trägern überlieferter Weisheit – er er*innert* im wahrsten Sinn des Wortes, derweilen Löwe und Hündchen jene Zahmheit und Sanftheit zeigen, die den Regungen einer von Sammlung und innerer Treue geformten Seele eigen sind. Aus diesem Bild spricht die Läuterung der Person, wie sie eine auf das Ich zielende Kultur und Schule, oder das sich der eigenen Kreatürlichkeit annehmende Ich zu leisten vermögen.

Der zweite Kupferstich »Melencolia I« [Tafel 2] zeigt das Reifen des Ich in der Persönlichkeit. Die zum Aufschwung veranlagte Seele, kenntlich an ihren mächtigen Schwingen, ist von den Zeichen emsiger, aber vergeblicher Verstandestätigkeit umgeben: Messgerät und Werkzeug, Geometrie und Rechenkunst, eine ins Unsichtbare führende Leiter sowie eine im Unsichtbaren zu läutende Glocke deuten auf ungelöste Rätsel. Die Landschaft ist weit und durchaus hell, aber kein Licht fällt auf das Gesicht der sitzenden Frauengestalt, aus dem vielmehr Müdigkeit, Ratlosigkeit, Wehmut sprechen – die Gaben der im Namen des Bildes benannten Gemütsverfassung. Dunkel bleibt auch das Gesicht des geflügelten Kindes, welches mahnt: In Abgründen und Ausweglosigkeiten, in welche die bloße Verstandestätigkeit die Seele im Vorfeld der Erkenntnis stürzen muss, wird etwas geboren, taucht das Kindergesicht aus den Tiefen des in der Schwermut reifenden Gemütes auf. Von Hoffnung künden der am Himmel stehende Regenbogen und der auf den ausgespannten Flügeln eines unter dem Himmelsbogen schwebenden Fabelwesens geschriebene lateinische Satz: *Melencolia i!*

Tafel 1 Hl. Hieronymus im Gehäus. Kupferstich 1514

Tafel 2 Melencolia I. Kupferstich 1514

(deutsch: Geh, Schwermut!). Hinter der Inschrift und unter dem Bogen aber strahlt schon ein mächtiger *Stern* ...

Den »Ritter zwischen Tod und Teufel« [Tafel 3] erkraftet die vom Ich erfüllte Bewusstseinsseele. So ist er fähig, er selbst zu bleiben angesichts der ihn bedrohenden Mächte, und mehr noch, sie beide in sich selbst nicht zu vernichten, sondern zu läutern: Vom Knochenmann stammt, was er sich als stählerne Härte des Harnischs anverwandelt; und die im Horn des anderen Begleiters erstarrte maßlose Überhebung dämpft und adelt er zur Selbstgewissheit seiner Aufrechten. Je länger man dieses Bild betrachtet, desto deutlicher tritt das Pferd hervor. Dürer erreicht diesen Eindruck, indem er den Leib des mächtigen Tieres mehr mit plastischen, die übrigen Teile des Bildes mehr mit graphischen Mitteln gestaltet. Von diesem Pferde stammt jene Kraft des Innern, die der Ritter ebenso zu lenken weiß, wie sein Ross. In alten Mythen stellt das Pferd oftmals das Wesen der Gedanken dar. – Auch in dem unter dem Pferd dahinspringenden Hund ist eine Läuterung dargestellt. Dieser treue Begleiter ist der in den beiden anderen Bildern schlafende, nun aber geweckte Hund; er ist gleicher Art wie jene Tiere, welche die Griechen *kynoi* nannten, und die sie veranlaßten, aus diesem Wort den Begriff des Zynismus zu bilden, die Bezeichnung für eine vom Denken abgelöste Verstandestätigkeit, die zerstörend wirken muß, solange sie nicht, wie der Hund des Ritters, wieder dem Ich dienstbar gemacht wird. – Im Hintergrund des Bildes liegt eine hoch gebaute Burg – kommt der Ritter von ihr her, ist sie das Ziel seiner Fahrt? Eines nur ist sicher: Er ist auf dem Wege.

23 Der tiefste Brunnen

Das die Wahrheit suchende Denken und der um Freiheit ringende Wille gewährleisten zwar die innere Freiheit des Menschen, aber ohne das beide durchdringende Fühlen bliebe das Denken blass und abgezogen und der Wille kraftlos. Der Ent-

Tafel 3 Ritter, Tod und Teufel. Kupferstich 1513

schluss (die Initiative) zum Denken und Handeln sind *meine* Angelegenheit; auch dafür, dass in beiden die Wirklichkeit der Welt zu ihrem Recht kommt, bin ich allein verantwortlich. Dem Denken und dem Wollen gegenüber bin ich also in der Lage, die Augustinus in dem bündigen Satz fasste:

> »Der dich ohne dich erschaffen,
> wird dich nicht ohne dich erlösen.«[67]

Doch lässt sich dieser Freiheitsaugenblick nicht festhalten: Der Mensch wird unmerklich wieder und wieder zum Gefangenen seiner Gedanken und Willensregungen. Letztere erfassen immer nur begrenzte Ausschnitte des Lebens und enden hernach in festen Formen: Das Denken gerinnt im Urteil, das in der Seele fortbesteht, und das Wollen in starren Grundsätzen, die bis zum ›moralischen Automatismus‹ führen können. So kündigt sich in den gealterten Gedanken und Willensimpulsen die Vergänglichkeit des Persönlichen an. Denn: Was sich nicht verjüngt, das muss vergehen. So sind Denken und Wollen jener Schwerkraft ausgesetzt, die aus den Bindungen der Person an den Leib und der Persönlichkeit an ihre gewordene Biographie aufsteigt.

Nicht weniger kränkend als diese Seelenschwere ist die Flüchtigkeit oder falsche Leichte des Seelenlebens, welche nicht selten die Erstarrung und Lähmung begleitet: Sie lässt das Denken zum Spiel mit Worthülsen und das Handeln zum Zeitvertreib entarten.

Schließlich können auch Denken und Wollen selbst auf schwanken Grund geraten: Vieles, was ich mit ihrer Hilfe umfassen möchte, ist in seiner idealen Gestalt nicht unmittelbar erreichbar, sondern bleibt fernes Ziel des Hoffens und geduldigen Harrens, die das Fehlende allmählich werden und wachsen lassen.

Ganz und gar in das Nicht-Ich taucht das Ich ein, wenn es im Denken, Fühlen oder Wollen die Erfahrung des *Scheiterns* macht, und wenn es *Ohnmacht* erlebt gegenüber der Sehnsucht nach Leichte, Befreiung und Licht, nach denen es »aus der Tiefe« ruft – *de profundis* – wie es im 130. Psalm heißt. Gegenüber der erlösenden Kraft von Freude und Frieden gilt der Machtspruch, wie er über Denken und Wollen gebietet, rein gar nichts. Doch kann unerwartet Hilfe von außen kommen, die mich mir selbst wieder schenkt:

»Obwohl der befreundete Arzt Marcus Herz (1747–1803) zur diätetischen Vorsicht geraten hatte, ignorierte Moritz alle Warnzeichen, brach am 3. Dezember 1782 mit Bluthusten auf offener Straße zusammen und lag daraufhin wochenlang krank zu Bett. Moritz hielt sich nicht an die vorgeschriebene Kur, wurde von Tag zu Tag hinfälliger und zeigte sich dem Arzt und Freund im ›erbärmlichsten Zustande, voller Todesfurcht‹: ›Bald weinte er wie ein Kind, bald deklamierte er in Prosa und in Versen wider sein Schicksal, wider sein Verhängnis schwindsüchtig zu sein und sterben zu müssen.‹ Erst eine Schockbehandlung führte im April 1783 die Wende herbei. Der psychologisch erfahrene und gerade mit Moritz' Eigenheiten wohlvertraute Herz erklärte kurz und bündig, mit seiner medizinischen Kunst am Ende zu sein, und kündigte seinem Patienten den baldigen Tod an. Schon am Ende desselben Tages ging es dem mittlerweile mehr hypochondrischen als tatsächlich noch ernstlich kranken Moritz merklich besser, und zwei Wochen nach Verkündigung des Todesurteils zählte er ›nicht mehr unter die Kategorie von Kranken‹. Nun begann eine neue intensive Arbeitsphase, die zugleich auch eine neue Lebensphase einläutete: Moritz bereitete das Erscheinen seines Magazins zur Erfahrungsseelenkunde vor …« [68]

Eine solche Wende bedeutet *Werden.* Wenn das Werden vom Leben angeregt ist, heißt es *Lernen,* und wenn das Ich selbst sich um das Werden müht, dann wird das Lernen zum *Üben,* und wenn das Üben Früchte trägt, wird es zur *Selbstentwicklung.* So vereint sich das Ich mit dem Strom des Werdens, indem es sich durch Lernbereitschaft und Übungswillen den Lasten des Lebens entringt. Diesem Ringen kommt dann etwas entgegen, was immer ein *Geschenk* ist: Aus der Identität von Ich und Nicht-Ich wird die Befreiung des Fühlens geboren. Treffende Namen für dieses Geschenk aus Seelentiefen sind: *Frieden*, oder: *Gnade*.

Die Befreiung des Denkens aus der Starre kündigt sich im *Staunen* an: Der Reichtum der Erfahrung strömt in die Seele – und diese beginnt, vereint mit dem Werden der Welt, selbst neu zu werden. Das muss nicht heißen, dass bewährte Einsichten mit einem Mal abgetan sein müssen; sie können durchaus, vielleicht nach einer Zeit des Vergessens, in neuem Licht erscheinen. Diese Verjüngung des Denkens kann alles erfassen: Die Gedanken der Seele und die im Gewand der Sinneserfahrung sich darbietenden Werke der Schöpfung sind wieder »herrlich wie am ersten Tag.« Aus der Wirklichkeit der Welt strömt ein Leben in die Formen der Erfahrung und des Erkennens, das unerschöpflich ist, und allzeit neu.

Auch der Wille kann und muss sich erneuern. Ein Kunstgriff des Lebens kann dabei die Ohnmacht werden, welche aus der Einsicht folgt: Du kannst zwar grundsätzlich wollen, was und wann immer du willst, bist aber dennoch weder Herr noch Schöpfer der leiblichen und seelischen Grundlagen des freien Menschseins, denn die werden dir geschenkt. So ist zuzeiten die Möglichkeit zum freien Wollen eine Gnadengabe des Lebens. – Zur Verjüngung des Denkens und des Wollens ruft mich der *Ernst* auf, mit dem die Welt und das Leben zu mir sprechen. Die *Milde* des Schicksals schenkt dann den *Frieden*, in welchem die Seele jene *Liebe* zu Welt und Mensch erneuert, die das Tor zur *Freude* öffnet.

*

Weit verbreitet ist die Ansicht, dass man Gefühle beeinflussen könne, indem man über sie *spricht*; die Erfahrung zeigt aber, dass das nur in eingeschränktem Sinne möglich ist, und zwar aufgrund eines Gesetzes, das am klarsten Friedrich Schiller in seinen »Votivtafeln« ausgesprochen hat:

Warum kann der lebendige Geist dem Geist nicht erscheinen?
Spricht die Seele, so spricht ach! schon die Seele nicht mehr.

Denn was die Sprache beschwört, ist nicht das Gefühl selbst, sondern der vorgestellte Gefühlsinhalt, der dann ein wie man im 19. Jahrhundert sagte ›anempfundenes‹ Sekundär-Gefühl erregt. Je mehr er sich mit anempfundenen Gefühlen behilft, desto weniger wirkliche Gefühle wird der Mensch haben. Dies widerspricht in keiner Weise der anderen Erfahrung: Wo lebendig gefühlt wird, können Worte so ansteckend wirken wie ein Lächeln, ein Lied oder Tränen.

Wer je erlebt hat, wie sich das Fühlen durch Denken und Wollen aus dem Ich unmittelbar erneuert, der weiß, dass diese Erneuerung durch die Besinnung auf ihren wahren Quell jederzeit wieder Gegenwart werden kann. Auch wenn ich weder dem Fühlen nicht befehlen kann, noch den Frieden unmittelbar herbeirufen, so darf ich doch hoffen, dass das Bett, in dem das Werden zum Meer des Friedens hinströmt, eben durch mein Lernen und Üben soweit bereitet wird, dass mein Fühlen immer mehr meinem redlich lernenden Denken und Wollen zu Hilfe kommt – wie die Pferde, die, in der Legende von der »Hochzeitsmelodie« genau wissen, wohin sie das Fuhrwerk in der Stunde der Erfüllung zu ziehen haben:

»Einmal vermählte Rabbi Mosche Löb zwei arme Waisen miteinander und sorgte dafür, dass sich die beiden am Hochzeitstag nicht wie Verlassene und Heimlose fühlten. Als sich über den beiden jungen Menschen der Baldachin erhob, erstrahlte das Angesicht des Rabbis, denn er erlebte diesen Augenblick in einer gedoppelten Vaterschaft. Er lauschte der Melodie der Spielleute. Dann sprach er zu denen, die ihn umgaben: ›Möchte mir doch gewährt werden, dass, wenn der Tag meiner Bestimmung erscheint, man mich mit dieser Melodie in das ewige Haus geleite.‹

Nach vielen Jahren – diese Stunde und dieses Wort waren längst vergessen – begab es sich an einem schneereichen Wintertag, dass eine Schar von Spielleuten zu einer Hochzeit nach Brody fuhr. Plötzlich zogen die Pferde an und schlugen einen heftigen Trab ein. Umsonst versuchte man sie aufzuhalten, sie liefen immer schneller, schleuderten die Schlitten immer wilder und rannten unbeirrbar einem Ziel zu. An einem Friedhof hielten sie endlich still. Die Spielleute sahen eine große Volksmenge versammelt und fragten nach dem Ort und nach dem Namen des Toten. Als man ihnen Rabbi Mosche Löb nannte, fiel ihnen ein, wie sie in jungen Jahren vor ihm auf der Hochzeit der beiden Waisen gespielt hatten. Jetzt entsann man sich im umstehenden Volk der Begebenheit, und alle riefen: ›Spielt die Hochzeitsmelodie.‹«[69]

Der abstrakte Satz über die Identität von Ich und Nicht-Ich ist gleichbedeutend mit dem anderen: *Die Seele ist das Schicksal des Ich und das Ich ist die Zukunft der Seele.* Ein uraltes Bild für dieses Verhältnis ist die Begegnung am Rande des Brunnens, wie es sich in vielen Märchen findet. Die Tiefe des Brunnens kündet von der ›Bodenlosigkeit‹, der das Ich *im* Nicht-Ich ausgesetzt ist, und das Wasser von der belebenden Kraft der Gefühlswelt für den Geist. Auch die Begegnung Christi mit der Samaritanerin am Jakobsbrunnen birgt diesen Sinn, wobei das »Wasser des ewigen Lebens« (Joh. 4, 14) auf die erwähnte Erneuerung des Fühlens durch das geistige Tun deutet.

Die nachfolgenden schönen Worte stammen aus einer Auslegung Rudolf Steiners zu dem Meditationsbuch von Mabel Collins *Licht auf dem Pfad.* Sie können eine Ermutigung für diejenigen sein, die fürchten, durch geistige Entwicklung in ihrem Gefühlsleben zu verarmen:

»Was bringt der Mensch den Gegenständen seines Erkennens entgegen? Wer immer sich prüft, wird finden, dass Freude und Schmerz seine Antwort auf die Eindrücke der sinnlichen und übersinnlichen Welt sind. Man gibt sich so leicht dem Glauben hin, dass man Lust und Unlust abgelegt habe. Man muss aber in die verborgensten Winkel seiner Seele hinuntersteigen und seine Lust, seine Unlust heraufholen; denn nur, wenn alle solche Lust und alle solche Unlust verzehrt wird von der Seligkeit des höheren Selbst, dann ist Erkenntnis möglich. Man denkt: man werde dadurch ein kalter und nüchterner Mensch. Das ist nicht der Fall. Ein Stück Gold bleibt dasselbe Stück Gold – nach Gewicht und Farbe -, auch wenn es zum Schmuckgegenstand umgeformt wird. So bleibt Kama[70] das, was es ist – nach Inhalt und Intensität –, auch wenn es spirituell geformt wird. Die Kama-Kraft soll nicht ausgerottet werden, sondern in den Inhalt des göttlichen Feuers einverleibt werden. So soll des Auges Zartsinn nicht in Tränen sich entladen, sondern die empfangenen Eindrücke vergolden. Löse jede Träne auf und verleihe den perlenden Glanz, den sie hat, dem Strahl, der in das Auge dringt. Verschwendete Kraft ist deine Lust und dein Schmerz; verschwendet für die Erkenntnis. Denn die Kraft, die in diese Lust und diesen Schmerz ausfließt, soll einströmen in den Gegenstand der Erkenntnis.«[71]

24 Die fernste Sphäre

Die Tiefe, in welche das Ich vom Fühlen geführt wird, ist offenbar in jenem Bereich des Seelenlebens, der in dem Begriff der *Liebe* zusammengefasst wird. Der Bezug auf das Ich selbst, der in allem Fühlen lebt, ist die Wurzel der Selbstliebe oder des Egoismus; ebenso unumgänglich wie der Selbstbezug des Egoismus ist aber auch die Liebe zum anderen, hat doch das Streben des Selbst immer einen *Inhalt*. Im Glück des Findens, im Schmerz des Entbehrens wird das Ich auf sich selbst gewiesen; der Inhalt des von ihm ersehnten oder verlorenen führt es über sich selbst hinaus, und seine Liebe wendet sich nach außen. Beide Richtungen sind im Fühlen untrennbar miteinander verbunden. Das Ich aber vermag den Gefahren sowohl der Verhärtung in der Selbstsucht als auch der Selbstaufgabe in der schwärmerischen Liebe vorzubeugen.

Schelling erkannte, dass es ohne Liebe keinen Haß gibt: »Die Seele allen Hasses ist die Liebe, und im heftigsten Zorn zeigt sich nur die im innersten Zentrum angegriffene und aufgereizte Stille.«[72] Ob es umgekehrt möglich ist, zu lieben, ohne auch hassen zu können, wage ich nicht zu behaupten; wohl aber, dass niemand ehrlich lieben kann, der sich nicht von seiner Fähigkeit zu Kritik, Abneigung und Haß ebenso Rechenschaft zu geben weiß, wie er Wesen und Artung seiner Liebe erkennt.

Die Einsicht, dass die Liebe unbedingt zum seelisch-geistigen Wesen des Menschen gehört, ist gültig und in klarer Gedanklichkeit von Dante Alighieri gewonnen worden. Im 17. Gesang des »Purgatorio« legt er sie seinem Seelenführer Vergil in den Mund:[73]

> »Der Schöpfer nicht, noch keines der Geschöpfe«,
> sprach er, »mein, Sohn, war jemals ohne Liebe,
> sei's von Natur, sei sie vom Geist, du weißt es.«

Auf seiner Jenseitswanderung sieht Dante im ersten Kreis des »Inferno«, wie die abgeschiedenen Seelen dort den Stürmen der Leidenschaft ausgeliefert sind, die sie im Leben entfesselten:

> Ich kam an einen Ort, der jeden Lichtes bar,
> der heult, so wie das Meer es tut im Sturm,
> wenn es von Gegenwinden aufgepeitscht.
> Der höllische Wirbelsturm, der niemals ruht,
> er reißt die Geister mit in seinem Brausen,
> und Qual ist's, wenn er sie herumjagt und durchrüttelt.

Zwei unter den sturmgejagten Seelen sind es, die sein Mitgefühl besonders erregen. Er bittet Vergil, mit ihnen sprechen zu dürfen:

> »Meister«, begann ich da, »gern möcht' ich sprechen
> zu diesen beiden, die gemeinsam ziehn
> und gar so leicht vom Wind getragen scheinen.«

Es sind Paolo und Francesca aus Rimini, deren tragischer Liebestod durch die Hand von Francescas eifersüchtigem Gatten zu Dantes Zeiten in aller Munde war:

»Doch wenn den ersten Anlass unsrer Liebe
es dich zu kennen gar so sehr verlangt,
so tu' ich's jenem gleich, der weint und spricht.
Wir lasen eines Tags zu unsrer Lust
von Lancelot, wie Liebe ihn bestrickte,
wir waren ganz allein, ohn jede Ahnung.
Mehrmals beim Lesen mussten wir die Augen
erheben, es entfärbt' sich unser Antlitz;
doch eine Stelle war's, der wir erlagen.
Die war es, wo der heißbegehrte Mund
von solchem Liebenden geküsset wurde,
da küßte dieser hier, der nie von mir
Getrennt sein wird, erbebend mir den Mund,
Galeotto war das Buch und der es schrieb.
An jenem Tage lasen wir nicht weiter.«

Der Hinweis auf die *Spiegelung* der Leidenschaft in einem Buch über die Leidenschaft veranschaulicht die Ursache der Tragödie: Die Liebe der beiden wurde – gleichsam durch einen seelischen Kurzschluss – in die Schicht der Person zurückgedrängt, die sie angeregt hatte, mit anderen Worten, sie wurde endgültig zur Leidenschaft. Die Ohnmacht des Ich, die daraus folgte, wird von Dante mitempfunden:

Während der eine Schatten dieses sagte,
weinte der andre so, dass mir vor Mitleid
die Sinne schwanden, so wie wenn ich stürbe,
Und ich sank hin, gleich wie ein Toter hinsinkt.

Dante hat seine eigene Erfahrung mit dem bedingungslosen Obsiegen des Nicht-Ich an der Pforte zum Kreis der Leidenschaft, in der Sonettensammlung *Das Neue Leben* beschrieben.

Es geschah in seinem neunten Lebensjahr, dass er das gleichaltrige Mädchen Beatrice zum ersten Male sah:

»In diesem Augenblick, das kann ich wahrhaftig sagen, begann der Geist des Lebens, der in der geheimsten Kammer des Herzens wohnt, so heftig zu zittern, dass er mir in den leisesten Pulsen furchtbar erschien; und zitternd sagte er die folgenden Worte: Siehe, ein Gott, der stärker als ich ist und der daherkommt und mich beherrschen wird. In diesem Augenblick begann der begehrende Geist, der in jener hohen Kammer wohnet, zu welcher alle Geister der Empfindung ihre Wahrnehmungen hinauftragen, sich sehr zu wundern, und indem er insbesondere zu den Geistern des Gesichtes sprach, sagte er diese Worte: Mir ist eure Seligkeit erschienen. In diesem Augenblick begann der natürliche Geist, der in jenem Teile wohnt, in dem sich unsere Ernährung vollzieht, zu weinen, und weinend sprach er die Worte: Wehe mir Armen! denn nun werde ich häufig behindert sein. Von da an, sage ich, beherrschte die Liebe meine Seele, die ihr so rasch angetraut war und sie begann eine solche Sicherheit und solche Herrschaft über mich zu gewinnen, durch die Kraft, welche meine Phantasie ihr gab, dass ich vollkommen nach ihrem Gefallen zu tun genötigt war.«[74]

Nach abermals neun Jahren erschien der mächtige Gott noch einmal und erneuerte seine Herrschaft, nun zu der Seele des Jünglings sprechend. Im vierundzwanzigsten Jahr nach der Geburt der beiden jungen Menschen starb Beatrice, und Dante betrat die Bahn, die ihn zu dem Ort der Umstülpung führen sollte, von dem aus auch die Liebe zum Ursprung im Umkeis zurückfindet:

> Zur fernsten Sphäre, die viel weiter kreist,
> steigt aus dem Herzen auf ein Sehnen,
> es ist das neue Wissen, das mit Tränen
> Die Liebe in uns legt, und uns nach oben reißt.

Wer Dante folgt, wird bejahen: Die Liebe ist ursprünglicher als die Leidenschaft, und das Ich ist mindestens so ursprünglich wie die Liebe – denn beide verhalten sich zueinander wie Quelle und Meer. Der Schüler Dantes wird, um ein Märchenbild zu gebrauchen, vielleicht den Mut finden müssen, den Froschkönig an die Wand zu werfen, ohne vorher zu wissen, dass er sich in einen Königssohn verwandelt ...

Im 18. Gesang des »Purgatorio« lässt Dante Vergil den Aufstieg der Seele zum Ursprung der Liebe in der »geistigen Bewegung«, das heißt: in der freien Intention des Ich beschreiben:

> Der Geist, er ist geschaffen, schnell zu lieben,
> und neigt sich hin zu dem, was ihm gefällt,
> sobald die Freude ihn zum Tun befeuert.
> Die Schaukraft zieht auch aus der Wirklichkeit
> die Vorstellung, entfaltet sie in euch,
> so dass der Geist zu ihr sich wenden muss.
> Und wenn er nun zu ihr herab sich neiget
> so ist dies Neigen Liebe, ist Natur,
> die sich durch Freude wieder in euch bindet.
> Und wie das Feuer stets nach oben strebt;
> zur Höhe ward sein Wesen ja geschaffen;
> dort bleibt's in seinem Element am längsten.
> So auch erfasst den Geist ein tiefes Sehnen,
> geistige Bewegung ist's, die nimmer ruht
> bis ihm zur Lust wird das geliebte Wesen.

Dass die zwischen den Geschlechtern wirksamen Kräfte des Nicht-Ich sowohl geeignet sind, aus dem Empfindungsleben der Person das Streben nach Eigensein mächtig hervorzutreiben, als auch für die Persönlichkeit und das Ich Stufen der Reife und Opferbereitschaft erschließen können, die nicht leicht auf anderen Wegen errungen würden, wird niemand bezweifeln. Allein, das Ich steht kraft seiner »absoluten Möglichkeit« über der weiblichen oder männlichen Prägung von Person und Persönlichkeit.

Vierte Woche

Tafel 4 Kopf eines Kindes mit Bart. Öl auf Leinwand 1527

DAS HÖHERE ICH
Ungeborensein und Unsterblichkeit

> Ist das Leben ein Traum, in welchem ich mir
> des vorhergehenden nicht mehr bewusst bin,
> mir dessen aber mit dem Erwachen (im Tode)
> von neuem bewusst werde?
> So könnte ich allerdings von Ewigkeit her sein.
>
> Johann Wilhelm Ritter[75]

25 Paedogeron

Bei dem Kind, das spielend in der Mitte des Seelengartens sitzt, endet ein Weg und beginnt ein anderer ... Über beiden steht geschrieben: »Incipit vita nova«: hier »beginnt das Neue Leben«, wie Dante sagt. Bei ihm war es der Weg der Reife, an dessen Eingang die Kindheit endet, und dessen Erreichnisse das Ich den Mächten des Daseins abgewinnt. Wie anders klingt das Wort vom Neuen Leben, wenn das Ich auf den Pfaden der Seele zur Mitte des Garten zurückfindet ...

João Guimarães Rosa (1908–1967) wurde im Todesjahr seines Landsmannes Machado de Assis geboren und veröffentlichte 1962 eine Kurzgeschichte, die ebenfalls *Der Spiegel* heißt.[76] Die Anknüpfung an Machado de Assis ist offensichtlich. Bei Rosa allerdings steht der Spiegel am Anfang: Der Erzähler (oder die Erzählerin) berichtet einem schweigenden Zuhörer, wie er eines Tages im Spiegel eine abscheuliche Gestalt erblickte und erkannte: Das bin ich selbst! Er will sich mit dieser schrecklichen Antwort auf die Frage: Wer bin ich? nicht abfinden und beginnt das Spiegelbild umzugestalten. Unter anderem, indem er alles Zufällige, alle kollektiven und tierischen Züge aus ihm entfernt. Die gewagte Maskenbildnerei am Spiegelbild der Person führt am Ende zur Katastrophe:

»Ich sage Ihnen einfach nur, dass ich mich in einem Spiegel anschaute und mich nicht sah. Nichts sah ich. Nur das Feld: glatt, leer und offen wie die Sonne, wie klarstes Wasser, der Lichtstreuung ausgesetzt – alles und doch selbst verdeckt. Hatte ich keine Gestalt, kein Antlitz? Ich tastete nach mir, ausgiebig. Aber dennoch: Der Ungesehene. Der Erdachte. Der Mann ohne stoffliche Augenfälligkeit. Ich war – der durchsichtige Betrachter? ... Ich riss mich los. War dermaßen betäubt, dass ich mich nur noch in einen Sessel fallen lassen konnte.

Wodurch nur war, während der Ruhemonate, die vorher vergebens gesuchte Fähigkeit von selbst in mir erregt worden? Nochmals wollte ich mich anschauen. Nichts. Und was mich mehr als alles andere bannte und erstarren ließ: Ich sah meine Augen nicht. Nicht einmal sie spiegelten sich in dem glatten und polierten Nichts! Ich hatte mich also, indem ich auf eine allmählich vereinfachte Figur ausging, vollkommen entäußert, bis hin zur Gestaltlosigkeit. Und nun die entsetzliche Folgerung: Gab es in mir denn gar kein innerstes, persönliches, unabhängiges Sein? Wäre ich ... ein Ent-seelter? Was sich mir also als mein vermeintliches Ich ausgab, war also, außer dem Fortbestand des Tieres nur dies: ein wenig Erbgut, entfesselte Triebe, fremde Leidenschaften, ein Kreuzgeflecht von Einflüssen, und alles übrige, was da im Unbeständigen unbestimmt bleibt? Das war es, was die strahlende Helle und die leere Fläche des Spiegels mit strengster Treulosigkeit mir sagten. Sollte es sich so mit uns allen verhalten? So wären wir denn wenig mehr als die Kinder – und der Geist des Lebens erschöpfte sich in krampfhaften Anläufen, aufblitzend und hin und wider geworfen zwischen zwei Trugbildern: Hoffnung und Erinnerung?«

Der Erzähler verschweigt, wie es ihm gelang, diesen Zustand zu ertragen. Statt dessen beschließt er die Geschichte mit dem Bericht über das Erlebnis, welches schließlich seine Prüfung beendete:

»Es geschah nämlich, dass ich später, Jahre waren es, als eine seit großer Leiden zuendeging, mir von neuem gegenüberstand – nun nicht von Angesicht zu Angesicht. Der Spiegel zeigte es mir. Hören Sie: zunächst nahm ich eine Zeit lang gar nichts wahr: erst dann, danach: den zarten Beginn von etwas, was soviel wie ein Licht war, das sich nebelhaft regte, und sich allmählich in einem schwachen Schimmern, einem Strahlen versuchte. Dieser Hauch von einem Wellenspiel erregte mein Fühlen – oder sollte es bereits in meiner Erregung enthalten gewesen sein? Was war das, dieses »Lichtlein klein«, das da von mir ausstrahlte, um drüben haltzumachen, widergespiegelt, ja überrascht – Wenn Sie wollen, dann ziehen Sie selbst Ihre Schlussfolgerungen.

Es sind Dinge, die man eigentlich kaum ahnen darf, jedenfalls nicht über ein gewisses soviel-und-nicht-mehr hinaus. Es sind da andere Dinge, soweit ich unterscheiden konnte, sehr viel später, zuletzt – in einem Spiegel. Damals, verzeihen Sie mir die Einzelheit, liebte ich schon, das soll heißen, ich lernte die Übereinstimmung und die Freude. Und … ja, ich sah mich selbst, sah, von neuem, mein Angesicht, ein Angesicht; nicht das, welches Sie mir vernünftigerweise zuschreiben. Sondern das noch-nicht-Angesicht, im Entwurf gewissermaßen erst, kaum schon auftauchen, wie eine pelagische Blume, tiefengeboren. Und es war nicht mehr als: ein Kindergesichtchen, eigentlich sogar nur: von weniger-als-einem-Kind. Nur das. Werden Sie das wohl jemals verstehen können?«

Hat auch Albrecht Dürer in dieses zarte Antlitz geblickt? Sein Gemälde »Kopf eines Kindes mit Bart« [Tafel 4] legt nahe, dass es so war. Das auch als »Paedogeron« (Kindgreis) bekannte Bild enthüllt ein Doppelgeheimnis zeitlicher Tiefe: Zum einen das mit jedem Kinde geborene Rätsel uralten Herkommens, zum anderen das Geheimnis einer das Altern der Seele besiegenden künftigen Begegnung mit dem geboren-ungeborenen Kinde, von der sich Spuren in den Zeugnissen fast aller bisher angeführten Lehrer der Erfahrungsseelenkunde finden. Jedoch – wie Rosa sagt: »Es sind Dinge, die man eigentlich kaum ahnen darf ...« Deshalb nur ein einziger Hinweis, der die Grenze des »soviel-und-nicht-mehr« schon deshalb nicht verletzt, weil er ein *Märchen* nennt ...

In der Bildersymphonie des Märchens von *Eros und Fabel* hat Novalis die Geheime Offenbarung der zwischen Innen und Außen, zwischen Himmel und Erde zum Ich erwachenden Seele geschrieben. Keine Seelenerscheinung, für die er in diesem Werk nicht ein Bild gefunden hätte: Die Phantasie, der Sinn, das Herz, die Liebe, die Weisheit, der Verstand, die Sehnsucht, das Unbewusste, das Zerstörerische ... sie alle haben Gestalt angenommen und bilden eine »Familie«, von welcher der Dichter sagt: Sie »ist das Gemüt.«[77] Zwischen allen Gestalten und zwischen allen Reichen, die sie bewohnen aber bewegt sich die kleine »Fabel«, ein Mädchen, das wohl älter als drei und jünger als sieben Jahre ist und das spielend und singend den Faden der Mär durch Welten und Schicksale zieht:

»Perseus wandte sich zu Fabel, und gab ihr die Spindel. In deinen Händen wird diese Spindel uns ewig erfreuen, und aus dir selbst wirst du uns einen goldnen unzerreißlichen Faden spinnen. Der Phönix flog mit melodischem Geräusch zu ihren Füßen, spreizte seine Fittiche vor ihr aus, auf die sie sich setzte, und schwebte mit ihr über den Thron, ohne sich wieder niederzulassen. Sie sang ein himmlisches Lied, und fing zu spinnen an, indem der Faden aus ihrer Brust sich hervorzuwinden schien.«

Fabel hat hier die Spindel mit dem Saitenspiel vertauscht, das sie sonst mit sich führte, mit der Leier, die ihr Alters- und Wesensgenosse, das Knäblein im Paradiesgarten, nicht minder freudig spielt ... Sobald das Ich wieder zum *Kind* zu wird, beginnt es zu spielen und zu singen, in allem, was es tut. Dies aber ist seine Zukunft – seine *einzige* Zukunft ... Was mag in jenem Buch geschrieben sein, das die königliche Mutter im

Paradiesgärtlein betrachtet? Im Märchen des Novalis sind es allein die von der Fabel beschriebenen ... besungenen ... bespielten ... Blätter, die der Prüfung standhalten, welcher sie Sophie, die Weisheit, unterzieht.

Ob wohl die Seiten meines Buches neben denen der Fabel bestehen könnten, wenn die Weisheit sie prüfte, welche über die Kinder wacht ...? Da ich dessen nicht sicher bin, bitte ich den Leser, zu dem Märchen von Eros und Fabel zu greifen und sich das hier vielleicht versäumte von der Fabel selbst erzählen zu lassen ...!

26 Totaliter aliter

Bisher wurden Fragen gestellt, deren Antworten in dem Geviert liegen, das die Mauer des Seelengartens umgibt. Jetzt soll über die Mauer hinaus gefragt werden. Dabei wird es beim Fragen bleiben, denn es geht zunächst um die *Kraft*, welche das Stellen und Ertragen solcher Fragen im Ich wecken. Eine von ihnen hat Carl Gustav Carus im Schlusskapitel seiner *Psyche* nachgerade als Krönung der Seelenkunde behandelt:

»Von allen Fragen, die auf dem Gebiet der Seelenkunde aufgeworfen worden sind, hat keine mehr die Forscher beschäftigt, ja die Menschheit bewegt, als die über das Ewige der Seele. Eine Ahnung, ein gewisses Glauben, dass hier etwas Ewiges wirklich vorhanden se, wurzelt tief in der Menschheit, aber bei allem Glauben daran blieb blieb doch die Sehnsucht nach entschiedener Gewissheit ungestillt.«

Zunächst wieder eine Geschichte. Hans Franck erzählt in einer seinerzeit viel gelesenen Novelle von zwei Klosterbrüdern, die einander in enger Freundschaft und geistigem Einvernehmen verbunden sind. Oft bewegen die beiden im Gespräch die Frage, wie wohl das Leben nach dem Tode beschaffen sei. Da sie zu keiner Entscheidung gelangen, beschließen sie, derjenige von ihnen, der als erster stürbe, werde dem anderen erscheinen und ihm von der jenseitigen Welt Kunde bringen. Sie rechnen damit, dass hierfür vielleicht wenig Zeit zu Verfügung stehen werde, und vereinbaren deshalb die kürzest mögliche Form der Mitteilung: Wenn es so ist, wie wir es uns vorgestellt haben, soll gesagt werden: *Taliter* (das ist lateinisch und heißt: So!); wenn nicht, soll es heißen: *Aliter* (Das ist: Anders!). Und so geschieht es. Der vorangegangene erscheint dem Bruder – spricht aber zwei Worte: *Totaliter aliter!*[78] Das heißt zwar wörtlich: »Ganz anders!«; das Lautspiel mit den lateinischen Reimen lässt aber ein doppeltes *aliter* mitklingen, so dass die Übersetzung auch lauten könnte: »Auf andere Weise anders…« Oder: »Anders in der zweiten Potenz.«

Oft wird diese Geschichte in der Absicht erzählt, die Begrenztheit des menschlichen Wissens zu unterstreichen. Es ist aber dem *Totaliter aliter* noch mehr abzugewinnen, denn ich muss weder einfach kehrt machen an der Grenze zum Unbekannten, noch muss ich versuchen, sie ›irgendwie‹ zu überschreiten. Das Ich ist imstande, aus der Berührung mit dem Unbekannten mehr zu ziehen, als das Resignieren der Schulweisheit oder frommes Bescheiden, es sucht mehr als Ahnungen oder Visionen, die letztlich nicht weiter reichen, als andere diesseitige Träume des Nicht-Ich, und es vermag das Schwellenerlebnis am Vollständig-anders-sein des Unbekannten so zu vertiefen, dass es ein Gefäß für die bevorstehende Offenbarung bildet. Dabei weiß es: Die Antwort auf meine Frage nach dem ›Ganz anderen‹ wird auch mich selbst verändern …

In der altenglischen Fassung des Mysterienspiels von »Jedermanns Ladung« wird das Sterben des reichen Mannes als Seelenvorgang dargestellt. Die einzelnen Glieder und Kräfte des inneren Lebens treten als lebendige Gestalten auf die Bühne: Freundschaft, Stärke, Sinneswahrnehmung, Tugend … und eine nach der anderen verabschiedet sich von Jedermann. Eine unter ihnen verspricht schließlich, ihn bis an die Schwelle des Grabes zu begleiten; sie heißt *Erkenntnis*, und sagt:

Komm, Jedermann, auf dass ich dich geleite,
in deiner höchsten Not geh ich an deiner Seite.(...)
Nein, vorerst geh ich nicht von hier,
bis ich den Ort, dahin du gehst, gesehn.

Das Vordringen der Erkenntnis an die Grenze, welche der Tod dem Leben setzt und die Hoffnung, einen Blick hinüber zu tun, ist ein Anliegen der idealistischen Philosophie. Diesbezügliche Zeugnisse aus dem Munde von Fichte, Schelling, Schiller sind bereits angeführt worden; was sie verbindet, ist die Überzeugung, dass die Unsterblichkeit *aus dem Ich selbst* erwiesen werden kann.

Dem idealistischen Menschenbild lag es nahe, den Tod nicht als Einschlafen oder Erlöschen des Ich-Wesens zu verstehen, sondern als Steigerung und Erfüllung desselben. Nicht zufällig hat Heinrich Jung-Stilling (1740–1817) seine Hoffnung auf die *Ich-Erhöhung* angesichts seines nahen Todes ausgesprochen:

»Hört, ich muss euch etwas sehr Wichtiges sagen, was zur Seelenkunde gehört, nämlich ich habe ganz das Gefühl, als wenn ich ein doppeltes Ich hätte, ein geistiges und ein leibliches. Das geistige Ich schwebt über dem Tierischen. Beide sind in dem Menschen im Kampfe, und nur durch Abtötung alles sinnlichen Begehrens kann man dahin kommen, dass es nicht mehr zusammenhängt. Aber durch eigene Kraft nicht, sondern nur durch Selbstverleugnung mit dem Beistande Gottes.«[79]

Tief in den damit ins Auge gefassten inneren Raum hinein leuchtet ein erstaunliches Wort von Arnold Rudolf Karl Fortlage (1806–1881):

»Das Bewusstsein ist ein kleiner und partieller Tod, der Tod ist ein großes und totales Bewusstsein, ein Erwachen des ganzen Wesens in seinen innersten Tiefen.«[80]

*

»Gewöhne dich an den Gedanken, dass es mit dem Tode für uns nichts auf sich hat. Denn alles Gute und Schlimme beruht auf Empfindung; der Tod aber ist die Aufhebung der Empfindung. Daher macht die rechte Erkenntnis von der Bedeutungslosigkeit des Todes für uns die Sterblichkeit des Lebens erst zu einer Quelle der Lust, in dem sie uns nicht eine endlose Zeit als künftige Fortsetzung in Aussicht stellt, sondern dem Verlangen nach Unsterblichkeit ein Ende macht … Das angeblich schaurigste aller Übel, also, der Tod, hat für uns keine Bedeutung; denn solange wir noch da sind, ist der Tod nicht da; stellt sich aber der Tod ein, sind wir nicht mehr da … Der Weise dagegen weist weder das Leben von sich, noch hat er Angst davor nicht zu leben. Denn weder ist ihm das Leben zuwider, noch hält er es für ein Übel, nicht zu leben. Wie er sich aber bei der Wahl der Speise nicht für das die größere Menge, sondern für den Wohlgeschmack entscheidet, so kommt es ihm auch nicht darauf an, die Zeit in möglichster Länge, sondern in möglichst erfreulicher Fruchtbarkeit zu genießen.«[81]

Hier spricht jemand, dem das Nachdenken über die Unsterblichkeit so töricht erscheint, wie die Hoffnung auf dieselbe: Es ist Epikur. Bei allem Respekt, den dieser antike Sachwalter der diesseitigen Genüsse verdienen mag: Das ist nichts als ein fadenscheiniger Versuch, den die Persönlichkeit unternimmt, um eine bekannte Schwäche der sterblichen Person philosophisch aufzuputzen. Epikur setzt einfach voraus, dass nach dem Tode für die Seele alles vorbei sei. Hinter dieser Annahme steht die seelische Triebkraft der ans Jetzt gefesselten Person: Sie empfindet nur im gegenwärtigen Augenblick, und da sie die Möglichkeit, ins Morgen hinüber zu reichen, nicht ergreift, gilt ihr alles kommende soviel als Nichts.

Fichte hat das Gedanken- und Wortspiel Epikurs aufgegriffen, und so gewendet, dass es ihm das Auge für das Hereinragen des Äons in die Seele weiter öffnete:

»Es ist ganz klar, dass derjenige, welcher nicht ist, auch keinen Schmerz fühlt. Vernichtung, wenn sie da ist, ist also in dieser Hinsicht gar kein Übel. Aber, möchte man sagen, die Furcht vor Vernichtung sei ein Übel. Auch mit dieser Furcht hat es keine Not, denn Vernichtung kann man gar nicht denken. Was ist es also, das den Menschen beunruhigt? Dieses, dass sich die Menschen denken, wie unangenehm es sein müsse, nicht zu sein. Es ist dies zwar eine widersinnige Täuschung, aber doch allgemein, und es könnte mithin doch etwas richtiges darinnen liegen. Indem man sich nämlich die Peinlichkeit der Vernichtung denkt, so setzt man sich als existierend, gleichsam als den Zustand seiner Vernichtung beschauend; man fürchtet eben die peinliche Lage des Mangels an Wirksamkeit und Tätigkeit, – wir denken uns als fortdauernd in der äußersten Beschränktheit, und dies ist es eigentlich, was uns quält. Um Fortdauer seines Ichs als eines solchen hat der Mensch gar keine Sorge, er setzt sie ganz sicher voraus und daran hat er recht, das Ich hat sein Dasein in sich selbst, – es kann gar nicht vernichtet werden.«[82]

Wieder ist es die moralische Kraft des Ich-Willens, die Fichte als Unterpfand der Unsterblichkeit anführt:

»Der moralische Mensch will fortdauern, schlechthin nicht um seiner selbst willen; indem es ihm nicht gerade darum zu tun ist, die Frucht seiner Arbeit zu sehen, sondern er wünscht die Fortdauer als Objekt seiner Bearbeitung; er soll heilig werden, und darum will er jene, – und nur insofern er dies im Gesichte hat kann er hoffen, dass ihn Gott werde fortdauern lassen. Dieser Glaube macht einen Bestandteil seiner selbst aus; er ist in seinem Herzen. Über die Möglichkeit der unendlichen Fortdauer kann daher vernünftiger Weise gar kein Zweifel entstehen ...«

Die moralische Intention ist also nicht Voraussetzung jenseitiger ›Belohnung‹, sondern der Fortdauer überhaupt! Was spricht dagegen, diesen Sinn – wenn er nicht von Anfang in ihnen lag – auch den Worten jener Gestalt zu unterlegen, die am Ende des Spiels den Jedermann zum letzten Schritt an die Hand nimmt?

> All irdisch Ding ist nichts denn Eitelkeit.
> Schönheit, Vernunft und Kraft gehn von dir fort,
> es fliehn mit argem Wort Freund und Gevattern all;
> nur *Gute Werke* bleibt, und das bin ich.

»Bin ich«, so lautet das letzte Wort der *Guten Werke*! Und die *Erkenntnis* fügt hinzu – noch nach dem letzten Gebete Jedermanns:

> Er hat vollbracht nun, was wir alle einst bestehn,
> denn *Gute Werke* lässt ihn sicher gehn.

27 Theorie der Metempsychose

Am Ende der eben angeführten Vorlesung über die Unsterblichkeit deutet Fichte an, dass das Ich auch in künftigen Zuständen eine Leibeshülle benötigen könnte – und eine Welt, aus deren Stoffen sie diese bildet:

»Unser gegenwärtiger Wohnplatz, die Erde, steht in unmittelbarer Verbindung mit einem Körper von ganz anderer Art, mit der Sonne, aber wir können mit gar nichts in Verbindung stehen, ohne dass etwas in uns sei, das diesem Gegenstand entspreche, auf ihn sich beziehe. Es muss so etwas diesem Andern außer der Erde Entsprechendes schon in unserm Körper mitliegen. Wie, wenn es gerade das Unbekannte wäre. das unserer bekannten Zusammensetzung zum Grunde liegt, und welches nach unserm Tode für jenes Leben uns belebte und sich entwickelte? Das endliche Wesen kann nur mit einem artikulierten und organisierten Leibe bestehen, durch welchen es mit der Natur außer ihm in Verbindung steht; in einem Körper bleiben wir immer, so gewiss wir endliche Wesen sind; aber alle Materie ist auflösbar, und wir dürfen uns daher in einem andern Leben auch kein besseres Schicksal gewärtigen als hier – indessen erhalten wir eine Fortdauer in einer höheren Sphäre, und es ist zu vermuten, dass unser nächster künftiger Wohnplatz die Sonne sein werde.«

Der »wahrheitsliebende« Nürnberger Gymnasialprofessor Christian Friedrich Wilhelm Penzenkuffer, der 1800 zur Ehrenrettung Fichtes im sogenannten ›Atheismusstreit‹ eine Flugschrift mit der diesem Zitat zugrundeliegenden Kollegnachschrift herausgab, macht zu diesen Schlusssätzen Fichtes eine Anmerkung:

»Mit Vergnügen – wir gestehen es – bemerken wir hier, dass Herr Professor Fichte im Ganzen genommen, mit unserer Lieblingsidee zusammentrifft. Auch wir stellen uns nämlich die Veranstaltungen Gottes zu unserer moralischen Bildung und Erziehung wie eine in Klassen abgeteilte Schulanstalt vor, deren Zweck ist, durch allmähliches Fortschreiten von einer Klasse zur andern (von einem Sterne zum andern), wo Gott immer andere und zweckmäßigere Anstalten getroffen hat, uns von der Sinnlichkeit zu purifizieren, von unserer Tierheit, und sofort auch notwendig von dem Haschen nach physischem Wohl, und uns allmählich zur Würde freier reinsittlicher und heiliger Wesen zu erheben. Wir befinden uns vielleicht in der untersten Klasse, wo nur Glaube und Hoffnung das Los sind, aber keineswegs noch ein Schauen. Ob der nächste Wohnort, in welchen wir nach diesem Leben werden versetzt werden, gerade die Sonne sein wird, darüber wagen wir auch nicht einmal eine Vermutung.«

Penzenkuffer war einer unter vielen Zeitgenossen, welche Fichtes Überzeugung teilten, dass das Ich jenseits der Todesgrenze Leiblichkeit erwerben könnte; sie dachten dabei weniger an ein Weiterleben auf der Sonne oder anderen Sternen, als an eine Wiederkehr zur Erde. Antike und orientalische Überlieferungen regten sie zu eigenständigen denkerischen Bemühungen um die Frage nach der Fortdauer des Ich von Erdenleben zu Erdenleben. Novalis gab diesem noch heute im Ansatz steckenden Zweig der philosophischen Menschenkunde den Namen »Theorie der Metempsychose« (Wörtlich: die Lehre von der ›Wieder-ein-seelung‹).

In freilassender Weise kommt diesem vernunftgemäßen Bemühen das Neue Testament entgegen. Die biblischen Schriften lassen sich *weder* zur Begründung *noch* zur Widerlegung des Reinkarnationsgedankens gebrauchen; sie anerkennen das Vorhandensein dieser Lehre ohne sie als allgemeine Wahrheit zu verkünden. Außerdem finden sich in ihnen wichtige Hinweise zum hygienischen Umgang mit den Fragen der Reinkarnation. Ausdrücklich angesprochen wird sie nur im Zusammenhang mit Johannes dem Täufer, von dem es heißt: »Wenn ihr es annehmen wollt, er ist Elias, der kommen soll.« Der Vorbehalt, den das Matthäusevangelium an dieser Stelle (11,14) macht: *Wenn* ihr es annehmen wollt, gibt Raum für die Besonnenheit, die beim Annehmen oder Ablehnen solch einer weitreichenden Aussage obwalten sollte. Besonnen und geistesgegenwärtig antwortet auch der Täufer selbst, als ihm die Frage nach seinem Herkommen in plumper Weise gestellt wird (Joh. 1,19-23):

»Und dies ist das Zeugnis des Johannes. Als die Juden aus Jerusalem Priester und Leviten zu ihm sandten, um ihn zu fragen: Wer bist du? da bekannte er und leugnete nicht; er bekannte: Ich bin nicht der Christus. Da fragten sie ihn: Was dann? Bist du Elias? Und er spricht: Bin es nicht. Bist du der Prophet? Er antwortete: Nicht. Da sagten sie zu ihm: Wer bist du? Wir müssen doch eine Antwort bringen denen, die uns zu dir gesandt haben. Was sagst du aus über dich selbst? Er sagte: Ich – die Stimme eines, der in der Einsamkeit ruft: Ebnet den Weg des Herrn! So hat es der Prophet Jesaja gesagt.«

Das vierfache »Wer bist du?« und die Antworten des Johannes ergeben eine Stufenfolge, auf welche die Idee des Ich einiges Licht wirft. Im Griechischen des neuen Testamentes kann das Wort für »bin« auch ohne das Fürwort »ich« gebraucht werden; es bedeutet dann etwa: (ich) bin gerade (dies oder das). Wenn das »ich« hinzugefügt wird, ist dieses ausdrücklich hervorgehoben, etwa im Gegensatz zu jemand anderem, oder zum Nicht-Ich. Die vier Stufen sind demgemäß:

»Ich bin nicht der Christus.« Das heißt: ein anderer ist es! Außerdem spricht Johannes aus dem eigenen Ich: »Er bekannte«.

Die Frage nach seinem Verhältnis zu Elias beantwortet er äußerst umsichtig: »Bin es nicht«. Denn er weiß: Jetzt *bin* ich Johannes. Mit anderen Worten: Wer auch immer ein Mensch in verflossenen Zeiten *war*, heute *ist* er ein anderer.

Die dritte Antwort ist reine Verneinung von allem, was in der nun gestellten Frage nach seinem geistigen Rang liegt: »Nicht«. Für Johannes bedeuten Maske und Kostüm, und seien es die des Propheten, so wenig, dass sie ihm weder ein »ich« noch ein »bin« wert sind!

Die letzte Frage ist dann ganz offen gestellt, ohne Zusätze, welche die Richtung der Antwort vorgeben: »Was sagst du aus über dich selbst?« Johannes antwortet im Bewusstsein seiner ›Einzigkeit‹: »Er sagte: Ich –«; im Bewusstsein seines gegenwärtigen Auftrages, »die Stimme eines, der in der Einsamkeit ruft« zu sein; in der Erwartung des Kommenden, von dem es heißt: »Ebnet den Weg des Herrn!«, und schließlich im treuen Erinnern der Überlieferung: »So hat es der Prophet Jesaja gesagt.«

*

Die *Erinnerung* legt in der Person den Grund für die Ich-Gewissheit, indem sie das Bewusstsein von der Identität im chronologischen Zeitstrom gewährleistet. – »Die Erinnerung birgt die gegebenen Inhalte meines Lebensganges. Sie gehören zu meiner Person und so nur zu dieser.«[83] Diese Bemerkung Diether

Lauensteins wird durch die Worte, mit welchen Carl Gustav Carus in seiner *Psyche* auf die Bedeutung der Erinnerung für die Selbstgewissheit hinweist, in schöner Weise erläutert:

»Jede Art des Selbstgefühls nämlich, jedes dunkle Wissen vom eignen Zustande, ja jedes klare Selbstbewusstsein wird immer bedingt teils durch eine Vielfalt von Vorstellungen, d. i. aufgenommenen, in der Seele bleibend gewordenen, erinnerten Sinneseindrücken, welche nun gleichsam die Lettern bilden, deren die Seele bedarf, um das Wort Ich damit zu schreiben oder daran zu lesen, teils durch eine Vielheit ebenfalls erinnerter Willensakte, woran im Zuge des Begehrens und Liebens, oder im Bestreben des Abstoßens und des Hassens die Seele ihr Verhältnis zur Außenwelt kundgibt. (...) Kurz, dass wir uns selbst schauen und lieben, setzt ein schon vorangegangenes anderweitiges Nach-außen-Sehen und –Begehren voraus; das Wissen vom Ich wird nur möglich dadurch, dass es für uns eine Sprache gibt, in welcher wir überhaupt zu denken imstande sind.«[84]

Aus der Zukunft spricht das *Gewissen* ratend und mahnend, und ich weiß: Diese leise Stimme spricht aus meiner Einzigkeit, aus meinem tätigen Wesen heraus. So geben Geistesgegenwart in der Selbsterweckung, Bewusstsein des eigenen Herkommens in der Erinnerung, und Bewusstsein der eigenen Zukunft im Gewissen dem Ich die Gewissheit seiner selbst.

Vor diesem Hintergrund verdient die zweite Frage an Johannes eine eingehendere Betrachtung. So unmittelbar nach der Identität eines Menschen mit dem Träger eines vergangenen Namens zu fragen, liegt dem philosophischen Denken über die Wiederverkörperung fern. – Gerne zitiert man Lessing mit seiner Schrift über die »Erziehung des Menschengeschlechts« als Kronzeugen für die abendländische Lehre der Wiederverkörperung:

»Warum sollte ich nicht so oft wiederkommen, als ich neue Kenntnisse, neue Fertigkeiten zu erlangen geschickt bin? Bringe ich auf Einmal so viel weg, dass es der Mühe wieder zu kommen etwa nicht lohnet? Darum nicht? – Oder, weil ich es vergesse, dass ich schon da gewesen?«

Dabei wird meist nicht beachtet, dass Lessing deutlich unterschied zwischen dem allgemeinen Bewusstsein: Ich komme wieder, und jenem Aspekt der Sache, den Johannes in seiner Antwort auf die zweite Frage zurechtrückt; Lessing deutet nämlich an, dass eine ins einzelne gehende Erkenntnis des Ich über seine Vergangenheit Vorbereitung und sittliche Reife erfordert:

»Wohl mir, dass ich das vergesse. Die Erinnerung meiner vorigen Zustände würde mir nur einen schlechten Gebrauch des gegenwärtigen zu machen erlauben. Und was ich auf itzt vergessen muss, habe ich denn das auf ewig vergessen?«

Mit einer gewissen Unbekümmertheit werden diesbezügliche Fragen in den Religionen Asiens und im Umkreis der jüdischen Kabbala behandelt. Diesen geistigen Überlieferungen ist das gesteigerte Persönlichkeitsgefühl des Westens fremd. Letzteres hat das Ich nicht nur aus seinen Hüllen hervortreten lassen, sondern auch verletzbarer gemacht; allzu leicht kommt es in die Lage, die man in einem Bilde vorstellen könnte, das Dürer zwar nicht in Kupfer gestochen hat, das aber durchaus möglich wäre: Nicht der Ritter, sondern die geflügelte Melencholia und das Kind zwischen Tod und Teufel ... Man kann dabei auch an das 12. Kapitel im Buch der Offenbarung denken, wo es heißt: »Der Drache verfolgte die Frau, die den Knaben geboren hatte.«

Einem Menschen, in dessen Persönlichkeit sich das Ich gerade erst zu ergreifen beginnt, zu sagen: In verflossenen Zeiten warst *du* der und der, das ist ein leichtfertiges Unterfangen. Auch und gerade wenn eine solche Anmutung durch lebhafte Vorstellungen oder gar durch Visionen gestützt wird (ganz zu schweigen von Eitelkeiten, Wünschen und Ängsten), bleibt sie doch Teil des Nicht-Ich, und zwar schon deshalb, weil kein *durchgehender* Faden der Erinnerung zu ihr führt.

Die Identifikation der Persönlichkeit mit einem nicht aus fortlaufenden Erinnerungen zu buchstabierenden ›Namen‹ würde noch viel tiefer reichen, als die mit einer Maske oder einem Kostüm; sie gefährdet die Verbindung des Ich mit den gesunden Kräften der Person, indem es an ihre Stelle Vergangenheit und Schicksal eines fremden Namens setzt. Wenn es nun dazu kommt, dass sich der Seele, aus was für Gründen auch immer, ein vergangener Name anbietet, dann gilt es, die wirkliche Erinnerung und die Verbundenheit mit dem Gewissen zu stärken, außerdem ein Selbstbewusstsein zu pflegen, das sich allein auf Verdienste stützt, die das Ich sich unter seinem gegenwärtigen Namen zuschreiben darf. Das Ich braucht die Sicherheit in bezug auf seine sich zwischen Geburt und Tod entfaltende ›Einzigkeit‹, um sich nicht selbst zu verlieren. Die Masken und Kostüme der Welt können es versklaven – ein falscher Name würde es verneinen.

So lautet die zweite Schwellenfrage dieses Kapitels: Gibt es ein ›*Ich* bin‹ und ein ›Ich *bin*‹, welche in klarer Selbstgewissheit über den Tod hinaus und vielleicht noch weiter reichen? Gibt es für die Einzigkeit dieses höheren Ich jenen »Namen, der über alle Namen erhaben ist« von dem der Philipperbrief (2,9) kündet, und von dem es in der Offenbarung (3,5) heißt: »Ich will ihn nicht austilgen im Buch des Lebens«?

28 Uranias Auge

So kennzeichnend die Idee des Ich für das geistige Leben Europas ist, es wäre verfehlt, zu glauben, dass sie anderen Kulturen abgeht. Es wurde oben auf ein altmexikanisches Kunstwerk hingewiesen, das die Ich-Geburt einprägsam veranschaulicht. Der Ruf des islamischen Mystikers Al-Halladsch »Ich bin die absolute Wahrheit«[85] zeugt vom Ich nicht weniger als der

Traum der Roten Kammer, ein von Ts'ao Chan in der Mitte des 18. Jahrhunderts verfasster chinesischer Gesellschafts- und Einweihungsroman, oder aus jüngerer Zeit die grandiosen Erzählungen des Japaners Ryunosuke Akutagawa ...

Vor allem gilt dies für die Schriften des Alten und Neuen Testamentes. »Ich bin der Ich-bin« tönt es aus dem brennenden Dornbusch vor Moses, und dabei klingt das hebräische Wort für Ich geheimnisvoll mit der Wurzel des unaussprechlichen Gottesnamens JHWH zusammen. Im Neuen Testament bekommt vieles einen neuen, tieferen Klang, wenn man das Wort »Ich« mit der Bedeutungsfülle liest, welche der Idealismus in ihm gefunden hat. Dieser Sinn war immer vorhanden, und so darf man mit neuen Ohren hinhören, wenn es etwa heißt: »Ich aber sage euch!«, wenn im Johannesevangelium die Ich-bin-Worte gesprochen werden, oder im Buch der Offenbarung (2,17;19,12) die Rede ist von dem Namen, den nur einer kennt.

Wenn aber das Evangelium im Lichte der Ich-Philosophie einen tieferen Sinn enthüllt, kann dann nicht auch das umgekehrte gelten: Dass die Ich-Philosophie Verwandtschaft mit dem Geist des Evangeliums offenbart? Und: Menschwerdung des Evangeliums im Ich und Heiligung der Ich-Idee durch das Evangelium – sind vielleicht erst *beide zusammen* Christentum zu nennen ...?

Gibt es ein ›Ich der Iche‹, das als »König über Könige, Herr über Herren« (Offb 19,16) zugleich in, zwischen und über den Menschen-Ichen west ...? Diese Frage spannt den Bogen von der Gotteskindschaft des ersten Adam, der noch durch den Mund des Psalmisten ausruft: »Was ist der Mensch, dass du seiner gedenkst?« über das im Angesicht des Schmerzensmannes gesprochene: »Siehe, das ist der Mensch« (Joh. 19,5) bis hin zum Zweiten Adam, der »zu lebenspendendem Geiste wurde« (1. Kor. 15, 45). – Jean Paul deutet, indem er das Göttliche nachgerade als »Ur-Ich« bezeichnet, auf die Höhen, in denen die Antwort auf diese Fragen zu suchen wäre:

»Ich ist – Gott ausgenommen, dieses Ur-Ich und Ur-Du zu gleich – das Höchste so wie Unbegreiflichste, was die Sprache ausspricht und wir anschauen. Es ist da auf einmal, wie das ganze Reich der Wahrheit und des Gewissens, das ohne das Ich nichts ist.«

Was bei Jean Paul aus genialer Empfänglichkeit stammende, blitzartige Ahnung war, wurde für Fichte zur Grundfrage seiner letzten Lebensjahre. In der 1806 vollendeten *Anweisung zum seligen Leben* unternahm er es anhand des Johannesevangeliums, die Religion von der Philosophie aus neu zu beleben. 1810 verschmolz er Ich-Philosophie, Erkenntnistheorie und die Frage nach dem Wesen des Göttlichen in einer einzigen Denkbewegung, die in der kleinen Schrift: *Die Wissenschaftslehre, in ihrem allgemeinen Umrisse* zusammengefasst ist:

»Ich weiß nun, was ich soll. Aber alles wirkliche Wissen führt durch sein formales Wesen seinen schematischen Beisatz mit sich; ohnerachtet ich also nun weiß von dem Schema Gottes, so bin ich dennoch noch nicht unmittelbar dieses Schema, sondern ich bin nur Schema des Schema. Das geforderte Sein ist noch immer nicht vollzogen.

Ich soll sein? Wer ist dieser Ich? Offenbar der seiende, der in der Anschauung gegebene Ich, das Individuum. Dieser soll sein.

Was bedeutet sein Sein? Als Prinzip in der Sinnenwelt ist er gegeben. Der blinde Trieb zwar ist vernichtet, und statt dessen steht nun da das hell ersehene Soll. Aber die Kraft, die erst den Trieb in Bewegung setzte, bleibt, dass nun das Soll sie in Bewegung setze, und ihr höheres bestimmendes Prinzip werde. Durch diese Kraft soll ich daher darstellen in der Sphäre dieser Kraft, der Sinnenwelt, und in ihr anschaubar machen, was ich als mein wahres Wesen anschaue in der übersinnlichen Welt. (...)

So endet denn die Wissenschaftslehre, welche in ihrem Inhalte die Vollziehung des soeben ausgemessenen absoluten Vermögens zu intelligieren ist, mit der Erkenntnis ihrer selbst, als eines bloßen Schema, jedoch als eines notwendigen und unentbehrlichen Mittels, in eine Weisheitslehre, das ist in den Rat nach der in ihr erlangten Erkenntnis, durch welche ein sich selbst klarer und auf sich selbst ohne Verwirrung und Wanken ruhender Wille allein möglich ist, sich wieder hinzugeben dem wirklichen Leben; nicht dem in seiner Nichtigkeit dargestellten Leben des blinden und unverständigen Triebes, sondern dem an uns sichtbar werden sollenden göttlichen Leben.«

So erneuerte sich für Fichte am Ende seines Weges das Staunen vor dem Geheimnis des Ich. Die Gedanken des *Allgemeinen Umrisses* finden sich, bis in einzelne Wortprägungen hinein, verdichtet in zwei nachgelassenen Sonetten wieder:

Nichts ist denn Gott, und Gott ist Nichts denn Leben:
Du schauest, ich mit dir schau' im Verein,
Doch wie vermöchte schauen dazusein,
Wenn es nicht wissen wär' von Gottes Leben?

»Wie gern, ach! Wollt' ich diesem hin mich geben:
Allein, wo find ich's? Fließt es irgend ein
In's Wissen, so verwandelt's sich in Schein,
Mit ihm gemischt, mit seiner Hüll' umgeben!«

Gar klar die Hülle sich vor dir erhebet,
Dein Ich ist sie: es sterbe, was vernichtbar,
Und fortan lebt nur Gott in deinem Streben.

Durchschaue, was dies Sterben überlebet,
So wird die Hülle dir als Hülle sichtbar;
Und unverschleiert siehst du göttlich Leben.

Was meinem Auge diese Kraft gegeben,
Dass alle Mißgestalt ihm ist zerronnen,
Dass ihm die Nächte werden heitre Sonnen,
Unordnung Ordnung und Verwesung Leben?

Was durch der Zeit, des Raums verworr'nes Weben
Mich sicher leitet hin zum ew'gen Bronnen
Des Schönen, Wahren, Guten und der Wonnen,
Und drin vernichtend eintaucht all mein Streben? –

Das ist's! Seit in Urania's Aug' die tiefe
Sich selber klare, blaue, stille, reine
Lichtflamm' ich, selber still, hineingesehen:

Seitdem ruht dieses Aug' mir in der Tiefe,
Und ist in meinem Sein – das ewig Eine,
Lebt mir im Leben, sieht in meinem Sehen.

ICH *UND* ICH
Miteinander und Füreinander

> Man erntet gemeinsam, aber jäten muss jeder allein.
>
> João Guimarães Rosa [86]

29 Begegnung

Wir verlassen den Garten, nicht indem wir uns weiter hinaus begeben in die blaue Ferne jenseits der Mauer, sondern durch die Pforte, durch die er vom täglichen Leben her betreten wurde. Hier, an der Schwelle zum Leben erwartet uns etwas, was *im Innern* des Gartens leicht vergessen werden konnte – und zu Gunsten der Erforschung des Gartens selbst zunächst auch beiseite gelassen werden durfte …

Das Nicht-Ich enthält eine Wahrnehmung, welche dem Ich *näher* steht als alle übrigen: Das Bild des anderen Menschen, oder: des *Nächsten*. Es handelt sich dabei, wohlgemerkt, nicht immer schon um das Ich des Anderen im grundsätzlichen Verstande der Ich-Philosophie. Die Seele besitzt nämlich einen Sinn, ein Wahrnehmungsorgan für das andere Ich und alles, was diesem innerlich verwandt ist, so dass es ohne weiteres auch von der Person und der Persönlichkeit des Anderen berührt wird. Wenn man es recht bedenkt, muss man sogar einräumen, dass letzteres – die Wahrnehmung der Person und Persönlichkeit – in dem Maße als die Offenbarung des Ich im alltäglichen Leben zurücktritt, das häufigere sein wird. Der Sinn dafür könnte auch ›Begegnungssinn‹ heißen, da er letztlich auf die *Begegnung* von Ich und Ich gerichtet ist.

Was man heute *Beziehung* nennt, findet demhingegen im Bereich des Nicht-Ich statt und stammt aus der gemeinsamen *Vergangenheit* der Personen (oder Persönlichkeiten). Dieses

Fortwirken gewordener Verhältnisse ist eher zwingend als mächtig zu nennen. Was die Beziehung von Seiten des Ich bedarf, ist neben Gestaltung vor allem *Erneuerung*.

Der Möglichkeit zur Begegnung kann sowohl eine *Sehnsucht* nach dem Anderen und eine *Scheu* vor demselben entsprechen. Auch kann die Hoffnung auf Begegnung enttäuscht werden. Dies zeigt schon der oben angeführte Bericht von Steffens über das Mißfallen, welches die Ich-Philosophie unter Fichtes Zeitgenossen erregte; wer je selbst das »Lachen des Windes im Korn« vernommen hat, der ahnt, was Fichte angesichts dieser Reaktionen empfand:

»Die meisten Menschen würden leichter dahin zu bringen sein, sich für ein Stück Lava im Monde, als für ein Ich zu halten. (...) Wer hierüber noch nicht einig mit sich selbst ist, der versteht keine gründliche Philosophie, und er bedarf keine. Die Natur, deren Maschine er ist, wird ihn schon ohne alle sein Zutun in allen Geschäften leiten, die er auszuführen hat. Zum Philosophieren gehört Selbständigkeit: und diese kann man sich nur selbst geben. Wir sollen nicht ohne Auge sehen wollen; aber sollen auch nicht behaupten, dass das Auge sehe. – Es ist bei der ersten Erscheinung dieser Note im Umkreise des Verfassers mannigfaltig über sie gespottet worden, von Einzelnen, die sich durch sie getroffen fühlten. Ich wollte sie gegenwärtig vertilgen; aber ich erinnere mich, dass sie leider noch immer gilt.«[87]

Friedrich Hölderlin erlebte ähnliches wie Fichte, doch litt er tiefer an der unerfüllten Sehnsucht. Der Enttäuschung der Ich-ersehnenden Seele verleiht sein Hyperion Ausdruck, während Diotima von der Sehnsucht nach Begegnung spricht:

»Ist es denn wahr – je mehr Menschen, je weniger Freude? – O wie oft ich das fühlen musste! rief ich, wie oft – es ist unbegreiflich, wie man des Zusammenlaufens nicht müde wird! – Als wüßtest du nicht, erwiderte Diotima, dass der bunteste

Wechsel diesen Menschen das Beste dünkt, und diesen finden sie doch untereinander – ihr bunter uneiniger Wechsel, fuhr ich fort, der ist gerade die wahre Gestalt des Übels; ich mag es nicht nachempfinden, wie er mich oft verwirrte, und verzerrte, wie in dem Kriege, den man unter der Larve des Friedens führt, wo man immer das, woran das eigne Herz hängt, vor fremden Pfeilen sichern, wo man so ängstlich jede unschuldige Blöße verhüllen muss, wo der Andere bei aller Ruh' und Freundlichkeit, die er zeigt, doch mißtrauisch jede Bewegung belauert, ob sie nicht für Feindesanfall gelte, wie in diesem kleinen schlechten Kriege die Kräfte so heillos zugrunde gehn; nein! es ist eine unerhörte Ungereimtheit! sie bieten alles auf, um zusammen zu sein, und dann, wann sie zusammen sind, strengen sie mit aller erdenklichen Mühe sich an, um einsam zu sein im eigentlichen Sinne, sie öffnen die Türe und verschließen ihr Herz – dem Himmel sei Dank, dass ich los bin!

Das betrübt mich eben, dass es rätlicher scheint, für sich zu leben, fuhr Diotima fort; ich trage ein Bild der Geselligkeit in der Seele; guter Gott! wie viel schöner ists nach diesem Bilde, zusammen zu sein, als einsam! Wenn man nur solcher Dinge sich freute, denk' ich oft, nur solcher, die jedem Menschenherzen lieb und teuer sind, wenn das Heilige, das in allen ist, sich mitteilte durch Rede und Bild und Gesang, wenn in einer Wahrheit sich alle Gemüter vereinigten, in einer Schönheit sich alle wieder erkennten, ach! wenn man so Hand in Hand hinaneilte in die Arme des Unendlichen -

O Diotima, rief ich, wenn ich wusste, wo sie wäre, diese göttliche Gemeinde, noch heute wollt' ich den Wanderstab ergreifen, mit Adlerseile wollt' ich mich flüchten in die Heimat unsers Herzens!«[88]

In einer Unterredung mit seinem Freunde Bellarmin zeigt Hyperion die eigentliche Ursache für den Mangel an Begegnung im Zusammenleben auf; es ist das Obsiegen des Maskenhaften im menschlichen Umgang:

»Handwerker siehst du, aber keine Menschen, Denker, aber keine Menschen, Priester, aber keine Menschen, Herrn und Knechte, Jungen und gesetzte Leute, aber keine Menschen – ist das nicht, wie ein Schlachtfeld, wo Hände und Arme und alle Glieder zerstückelt untereinander liegen, indessen das vergossene Lebensblut im Sande zerrinnt?

Ein jeder treibt das Seine, wirst du sagen, und ich sag es auch. Nur muss er es mit ganzer Seele treiben, muss nicht jede Kraft in sich ersticken, wenn sie nicht gerade sich zu seinem Titel paßt, muss nicht mit dieser kargen Angst, buchstäblich heuchlerisch das, was er heißt, nur sein, mit Ernst, mit Liebe muss er das sein, was er ist, so lebt ein Geist in seinem Tun, und ist er in ein Fach gedrückt, wo gar der Geist nicht leben darf, so stoß ers mit Verachtung weg und lerne pflügen!«[89]

In Hyperions Enttäuschung wie in dem Gegensatz zwischen Fichte und seinem verständnislosen Publikum wird ein Stein des Anstoßes sichtbar, der allerdings zum Eckstein der Selbsterkenntnis werden kann. Denn anstößig ist es schon, wenn man erkennt, dass hier die von Paulus getroffene Unterscheidung zwischen dem »beschnittenen« und dem »unbeschnittenen Herzen« (Römer 2, 28 f. und Kol. 2, 11-13) am Platze ist. Für das erstere keimt im Schoße der »alten« Seele, vom Freiheitserlebnis angeregt, die Begeisterung für die sich zunächst als Ideal ankündigende Wesenheit des Neuen Adam. Das letztere bezieht sein Identitätserlebnis aus den »fleischlichen« Hüllen der natürlichen Person; dabei überwiegt die im Verstand gespiegelte Wahrnehmung der – ja keineswegs von Grund auf schlechten – Kräfte des Alten Adam, in dem die Ich-Anlage die auf die Person ausstrahlende Würde der Persönlichkeit begründet. Wer gelernt hat, *in sich selbst* das Gewordene vom Werdenden zu unterscheiden und beide in Einklang zu bringen, wird auch achtungsvoll mit jenen umgehen wollen, in deren Seele anderes überwiegt als in seiner eigenen.

Die Begegnung kann in jedem Falle vorbereitet werden, indem ich die Grundfragen der Selbsterkenntnis so umforme, dass sie eine zum anderen Ich hin vollzogenen Geste der Öffnung werden:

1. *Wer* ist der Andere? So frage ich nach dem Bild, nach der Summe der Eigenschaften, in denen der Andere mir entgegentritt.
2. *Was* ist er nicht? So bemühe ich mich, in diesem Bild das Wesen des Anderen von seinen Hüllen zu unterscheiden. Diese Frage darf nicht Selbstzweck sein, sie soll vielmehr Raum geben für das entscheidende:
3. Wer *ist* er? Hier geht es um die Regungen des Ich als solchem – dessen Offenbarungen, Spuren oder Keime, wie sie sich in *jedem* Menschen finden lassen.
4. Wer ist *er*? So frage ich nach der Einzigkeit des Anderen, immer eingedenk, dass diese von den Eigenheiten und dem Anderssein der natürlichen Person und der gewordenen Persönlichkeit verschieden ist.
5. Wo umfängt er als Ich das Nicht-Ich, und wo wird er vom Nicht-Ich umfangen? Das will heißen: inwiefern befindet sich der Andere gegenüber dem Nicht-Ich im Stande der Freiheit, und inwiefern ist er außerstande, sich der Herrschaft des Nicht-Ich zu entziehen?
6. Was will der Andere *werden*? Wie ich mich selbst erst als Zukünftiger ganz erfasse, so tue ich dies auch mit dem Wesen des Anderen.
7. Wenn ich mir schließlich Rechenschaft davon gebe, wie ich den Anderen in mein eigenes Denken und Wollen aufnehme, beziehungsweise, wie er mein Ich-erfülltes Fühlen, vielleicht mein Ich-getragenes Erleiden berührt, dann steht die Begegnung von Ich zu Ich bevor.

An die Grenze zur Freiheit des Anderen treten zu können aber ist bereits Trost und Reichtum für das Ich: Alles Fordern wird hier zum Bitten, alles Nehmen zum Empfangen, alles Wünschen zum Warten, alles Alleinsein zur Einsamkeit, und alles Entbehren zum Entsagen. Hier allein wird das Ich des Anderen zum *Du*, wird das Begegnen zur *Gegenseitigkeit*. Ob dies geschieht, hängt ebenso vom Anderen wie von mir selbst ab. Der letzte Schritt, der von der Gegenseitigkeit zum ›Wir‹ der *Gemeinschaft* führt, wird, wie der Schritt zum Du, von zwei oder mehr Menschen entweder im Zeichen des Ich oder überhaupt nicht vollzogen.

30 Macht

Ich begegne dem Anderen denkend, wollend und fühlend. Das Vorfeld der Begegnung, welches das Ich in sich selbst denkend aufbauen kann, ist im letzten Abschnitt beschrieben worden. Etwas ganz anderes ist die Frage, wie ich mein *Wollen* zum Anderen in Beziehung setzen kann und darf. Der Schlüssel zu ihr liegt im Verständnis für das Verhältnis von Ich und Nicht-Ich im Streben und im Schicksal des anderen Menschen.

Für das willentliche Einwirken des Ich auf das Nicht-Ich bestehen drei Voraussetzungen, welche durch die neutestamentlichen Begriffe *ischýs, dýnamis, krátos* umrissen sind; sie lassen sich im Deutschen als Stärke, Kraft und Macht bezeichnen. – *Stärke* ist die Fähigkeit des Ich, im Erleiden oder Handeln über sich selbst zu bestimmen, *Kraft* kann dem Individuum angehören oder ihm nur als Eigenschaft anhaften, in beiden Fällen richtet sie sich auf die Welt im engeren Sinne. Die *Macht* schließlich ist der Ausdruck des Verhältnisses zwischen dem Einzelnen und der Welt, sowie zwischen dem Ich und seinesgleichen; sie kann dem Individuum angehören, das heißt aus seiner Stärke und Kraft stammen, oder durch Verhältnisse in der Welt bestimmt sein, wie Amt, Stellung oder Besitz.

Wer der Macht des Menschen über die Welt die Tendenz zur Freiheit einpflanzen will, wird sich die mit ihr verbundene *Verpflichtung* bewusst machen und sich fragen: Will ich von meiner Macht Gebrauch machen? Und wenn ja: Welchen? – Hernach mag dann gelten: »Mit der Macht, die man hat, kann man das Gute schaffen; darum soll man auch die Macht überall zur Verwirklichung des Guten verwenden.«[90]

Jedoch: Untrennbar verbunden mit den Verhältnissen in der Welt ist das Umfassen des erleidenden Ich durch das Nicht-Ich. Wer hier die Macht abschaffen wollte, müßte erst das Aufeinander-Angewiesensein und Voneinander-Abhängen der Menschen und die Ohnmachtszustände der Seele abschaffen. Es ist möglich, mit Hilfe von Kraft oder Macht die Freiheit des Anderen zu auszuschalten, und dies ist das Wesen der *Gewalt* und der *Politik*, das heißt, der Fortsetzung der Gewalt mit unblutigen Mitteln. Auf diesem Felde kann die Ehrfurcht des Ich vor dem, »was ihm gleich ist« zum Tragen kommen. Grundsätzliche Bekenntnisse zur Liberalität erweisen sich dabei als fadenscheinig – ich muss mich stets von neuem fragen: Will ich nicht, um der Freiheit des Anderen willen, auf die Ausübung meiner Macht verzichten? Und: Kann meine Macht in den Dienst der Freiheit des Anderen gestellt werden?

Letzteres ist bis zu einer gewissen Grenze möglich. So kann dem Freiheitsverlangen der Person im Kindesalter durch Erziehung die Richtung auf das Ich mitgegeben werden. Der Erwachsene aber muss seine Erziehung zur Freiheit selbst in die Hand nehmen. Von außen gestützt werden kann sie allenfalls im Sinne einer weisheitsvollen Bemerkung Georg Ungers: »Freiheit kann nicht gefordert, sondern nur durch das Zurücknehmen des Eigenwollens gewährt werden.«[91] Sowenig ich ohne eigenes Tun ein freies Wesen werden kann, so wenig kann ich den Anderen zu einem solchen machen. Unbenommen bleibt dem Ich der weckende *Zuruf im Geiste,* dasjenige mithin, was im Neuen Testament *paráklesis* genannt wird. Man kann, mit gebotener Bescheidenheit, versuchen, dem Parakleten, oder weckendem Geist, der sonst durch die Sprache des Schicksals spricht, die Stimme zu leihen. Nichts anderes tun die Lehrer der Erfahrungsseelenkunde und der Ich-Philosophie, die auf diesen Seiten zu Wort kommen.

Wer bedenkt, wieviel Leid aus gegenseitiger Abhängigkeit oder gemeinsamer Ohnmacht von Menschen entsteht, dem wird es immer wichtiger, so auf die Verquickung von Ich und Nicht-Ich zu schauen, dass er sich fragt: Wo kann ich die Ohnmacht des Anderen ausgleichen, oder lindern, indem ich sie hinnehme, und wo kann und darf ich freilassend an seinen Willen apellieren. Im Blick auf den freien Willen des Anderen kann ich mich um eine Kultur der *Anfrage* oder, um einen oft nicht in seiner Tiefe erfassten Begriff zu benutzen, der *Bitte* bemühen. Das Leben zeigt: Es oft nicht leicht, eine wirkliche Bitte auszusprechen, und oft noch schwerer, zu bejahen, dass eine solche ja auch abgeschlagen werden kann. Und noch ein anderes kann das Leben lehren: Individuelle und kollektive *Ansprüche* wie sie heute oft an die Stelle von Anfrage und Bitte treten, machen die Dinge nur scheinbar leichter – man kann im Umgang mit dem anderen nicht ungestraft von dessen Freiheit – oder Ohnmacht – absehen.

Eine Macht von besonderer Art ist mit dem Wirken des Unbewussten verbunden. Diesbezügliche Kenntnisse sind heute weit verbreitet. So unklug es wäre, ihr Vorhandensein zu leugnen – das Bewusstsein, welches für die Gewalten des Runenbergs und die Maskenkammern der Persönlichkeit erwachen kann, ist kein vom übrigen Menschsein abgelöstes, neutrales Gefäß, sondern wirksamer Bestandteil des Seelenlebens. Aufgrund seiner naturgesetzlichen Wirksamkeit gehört das Unbewusste dem Bereich des *Machbaren* an und kann Anlass zu zwei verhängnisvollen Verirrungen werden: Erstens kann die Seele sich dem falschen Glauben hingeben, ihre Ohnmacht durch Einwirkung auf das Unbewusste zwangsläufig überwinden zu können; zweitens ermöglicht das Unbewusste die Manipulation des Seelenlebens ohne Mitwirkung des Ich. Die *Bequemlichkeit* des einen und der *Machtwille* des andern können sich dabei unter Umständen in unglücklicher Weise ergänzen.

Viel mehr Weisheit als für die Entdeckung des Unbewussten ist notwendig, um zu erkennen, was, wann, in welcher Reihenfolge und in welchem Umfang zum Heil der Seele und ihrer Freiheit bewusst werden kann. Die Erfahrung der Unfreiheit gegenüber den Gewalten des Unbewussten findet sich am Grunde vieler Nöte und Leiden der Seele, und sie wird nur verstärkt, wenn wahlloses Bewusstmachen von Eigenschaften und Ursachen das Bild des ›Wichtes‹ als »Greuel der Verödung« (Matth. 24,15) vor das Wesen der Seele stellt.

Erweckend und tröstend hingegen ist die Begegnung mit dem erwachenden geistigen Ich. Wer daher den Weg der Ich-Verwirklichung, und zumal den schmalen Pfad der Selbstentwicklung beschreitet, wird in stiller Weise immer wieder werden, was man in der allgemeinsten Bedeutung des Wortes einen ›Seelsorger‹ nennen kann. Die Offenbarung seines Ich-Wesens weckt im Raum der Begegnung die gesunden Ich-Anlagen des Mitmenschen.

31 Liebe

Die Begegnung gipfelt in der *Liebe* zum Anderen. Die Vertiefung, welche das Ich durch das Fühlen der Liebe erlangt, ist bereits anhand von Dantes Gedanken über die Liebe dargestellt worden. Die »geistige Bewegung« des Ich, in der Dante die höchste Stufe der Liebe sieht, heißt in der Sprache des Neuen Testamentes *agape*, während die seelische Anziehung dort *philia* genannt wird. Beides wird oft fälschlicherweise mit dem einen Wort ›Liebe‹ wiedergegeben. Richtig wäre es, »Agape« mit ›Liebe‹ zu übersetzen, und für »Philia« ›Liebhaben‹ zu sagen. Das dritte griechische Wort, welches man ebenfalls mit »Liebe« übersetzt, ist *eros*; es fehlt im Neuen Testament. Was ursprünglich damit gemeint war, zeigt der Schluss von Platons *Gastmahl*. Alkibiades, der bekennt, von der inneren Schönheit des Sokrates verzaubert zu sein, erzählt, was er einst nächtens mit ihm erlebte:

»Nachdem ich nun in dieser Wechselrede gleichsam meine Pfeile gegen (Sokrates) abgeschossen hatte, glaubte ich ihn getroffen zu haben. Ich stand daher auf und ließ ihn nicht weiter sprechen, sondern warf mein eigenes Oberkleid über ihn – es war nämlich gerade Winter – und legte mich unter seinen Mantel und schlang meine Arme um diesen wahrhaft dämonenbeseelten und wunderbaren Mann, und so lag ich die ganze Nacht neben ihm. (...). Als ich nun dies alles tat, da zeigte dieser Mann seine Überlegenheit in einem staunenswerten Grade und verachtete und verspottete, ja verhöhnte meine blühende Schönheit, auf welche ich mir doch wunder wieviel eingebildet hatte, ihr Richter, – denn Richter sollt ihr mir sein über des Sokrates Hochmut. Denn bei allen Göttern und Göttinnen, ihr könnt es glauben, nachdem ich mein Lager mit Sokrates geteilt hatte, stand ich wieder auf, ohne dass irgend etwas Weiteres vorgegangen wäre, ganz so, als ob ich bei meinem Vater oder einem älteren Bruder geschlafen hätte.«

Das Geheimnis des Eros wird im Bilde des Manteltauschs gedeutet: Ein Mensch wärmt und birgt den Anderen, indem er ihm einen Teil seines Selbst als Hülle mitteilt oder – wie der Heilige Martin der Legende – gar überlässt. Alle Verschiedenheiten zwischen Menschen, also etwa: Alter und Jugend, Temperament, Volkscharakter, Meisterschaft und Schülersein, Unschuld und Welterfahrenheit und vielerlei Unwägbarkeiten der seelischen Ausstrahlung können den Eros des Hüllenspendens begründen. So gesehen ist im neuen Testament der Sache nach wohl auch vom Eros die Rede – zum Beispiel im ganzen 4. Kapitel des Philipperbriefes. Der Eros ist wechselseitige Anregung durch die gegenwärtig ausstrahlenden Lebenskräfte sich begegnender Menschenwesen; er kann mächtig sein, muss aber nicht zwingend auf das Ich wirken, das heißt: Er bleibt ›Nicht-Ich *im* Ich‹ und kann in dieser Eigenschaft Gegenstand der schöpferischen Ich-Tätigkeit sein.

Reiner, tätiger Eros bahnt der Seele den Weg zu aller wahren Therapie: »Der höchste Grund der Arznei ist die Liebe«, notierte Paracelsus im *Nürnberger Spitalbuch* und fügte hinzu: »Die beste Arznei für den Menschen ist der Mensch.« Der Heilung suchende wird sich entweder aus freien Stücken dem Therapeuten anvertrauen oder er wird, wenn ihn die Schwere der Krankheit daran hindert, selbst zu entscheiden, dessen Obhut übergeben. Die hiermit zusammenhängenden Fragen klären sich unter dem Gesichtspunkt des Zusammenspiels von Ich und Person; hierzu nochmals Diether Lauenstein:

»Die natürliche Person bedarf der Pflege, bedarf des Schlafes, auch des Verständnisses für ihr Leben. Sie ›befindet sich‹, fühlt sich krank oder gesund. Dem Befinden dienen Schwester oder Pfleger. Weil ein kranker Leib unter Schutz und Pflege sich im einfachen Falle selbst gesundet, ist es nur ratsam, aber nicht immer nötig, den Arzt zuzuziehen. – So verhält sich die natürliche Person.

Ganz anders steht es mit dem geistigen Ich; es bedarf beim kranken Menschen der Anregung, dass es wieder schöpferisch tätig werde. Der Arzt und dessen helfende Therapeuten legen in der Person des Patienten für das tätige Ich die Ansatzpunkte frei, damit dieser Mensch weiter etwas Tüchtiges aus seinem Leben heraushole. Das bloße gute Befinden des Patienten ist dem Arzt zwar dringend erwünscht, aber es ist nicht das Ziel seines Handelns. Er berücksichtigt vielmehr die mögliche Weiterentwicklung und vielleicht erreichbare zukünftige Leistung des Patienten, wozu auch unsichtbare seelische Früchte bewältigter Leiden gehören. Für den Arzt fragt sich, welche Aussichten der Patient hat und wie diese zu verbessern seien. Um der Aussicht willen darf der Arzt durch eine Operation, durch eine schwer verträgliche Arznei usw. das augenblickliche Befinden erheblich verschlechtern. Unter Umständen wird die Person dem Ich sogar teilweise geopfert. Das Ich muss sich die Person sowieso immer wieder untertänig machen. (...)

Die Naturreiche sind nicht nur draußen, sondern auch in den Menschen eingebaut. Die menschlichen Lebensfunktionen sind z. T. von den Zeiten so abhängig wie die der Pflanzen. Viele Abläufe des Leibes und der Seele sind denen der Tiere sehr ähnlich. Die drei Naturreiche stecken aber nur in der Person, nicht im Ich. Weil die Naturreiche mit dem Ich in der einen menschlichen Person zusammenspielen, darum kann der Arzt mit jedem der (ihnen entsprechenden) wissenschaftlichen Grundbilder und mit den aus ihnen abgeleiteten Mitteln erfolgreich sein.«[92]

Wenn Agape dem *Geiste* angehört, Philia der *Seele*, Eros den einhüllenden *Lebens*kräften, so gehört die Pflege des *Leibes* dem Bereich der *eleaemosynæ* (Barmherzigkeit) an, deren Inbegriff eben der Heilerberuf sein kann. Nicht zuletzt gewinnt auch die ›Nächstenliebe‹ ihren Sinn im Zeichen des Ich: »Liebe deinen Nächsten wie dich selbst« (Mt. 19,19; 22,39) heißt dann: Nicht überwinden sollst du den Selbstbezug deines Fühlens, sondern seine Stärke zum Maßstab der Hinwendung zu deinesgleichen machen; oder, um nochmals an Goethes »vier Ehrfurchten« anzuschließen: Deine Ehrfurcht vor dem Ich des Nächsten und seiner Freiheit sei ebenso groß, wie die Ehrfurcht vor dir selbst!

Weite, Vielfalt und Licht sind es, die das Ich allen Stufen und Erscheinungsweisen der Liebe, der Begegnung und des Helfens bringt. Umsicht, Geduld, Aufmerksamkeit, Freigebigkeit, Feinfühligkeit und nicht zu vergessen Ritterlichkeit und Verbindlichkeit mögen immerhin ›sekundäre Tugenden‹ sein – sie umfassen, heute wie einst, alles was sich für das soziale Leben üben und lernen lässt. Vom Ich kommend tragen sie dazu bei, *die Menschenliebe menschlich zu machen*. Man muss sie nicht von andern fordern, um dankbar für sie zu sein, und man muss sie nicht gleich alle beherrschen, um sie schätzen zu dürfen.

*

Die Liebe zum Menschen aber ist Teil der umfassenden Liebe des Ich zur Welt, seiner Liebe zum Sein, das es umgibt. In seinem volkstümlichsten Hymnus besang Schiller die *Freude*, das heißt: jene Kraft, welche erfüllt, was die Neigung verspricht und die, recht verstanden, gleich weit von der reinen Pflicht entfernt ist wie von dem bedingungslosen Genuss. Freude ist Ausdruck von Liebe, in der die Einheit des Einzelnen mit dem All zur Heimat der Seele wird. Sie ist die eigentliche *Frohbotschaft* oder: das *›eu-angelion‹* der Seele. Die schönste und gedanklich reifste Gestalt hat diese Botschaft in den *Centuries of Meditations* des englischen Mystikers und Dichters Thomas Traherne (1637–1674) gefunden. Traherne kannte das sonnenhelle Reich der reinen Freude sowohl als Gabe der Kindheit wie auch als reife Frucht der Selbstentwicklung:

»Alles Getreide war mir schimmernder, unsterblicher Weizen, der keine Ernte kannte und nie gesät war. Ich vermeinte, dass er so von Ewigkeit zu Ewigkeit stünde. Der Staub und die Steine der Straße glichen köstlichem Gold; die Tore der Stadt waren das Ende der Welt. Als sich zuerst durch eines derselben die grünen Bäume erblickte, geriet ich vor Entzücken außer mir: ihre Lieblichkeit und ihre wundersame Schönheit ließen mein Herz hüpfen, dass es sich vor Entzücken fast verlor, so seltsame und wunderbare Dinge schienen sie mir zu sein. Und oh, die Menschen! Welch ehrwürdige, achtunggebietende Wesen waren die alten Leute! Unsterbliche Cherubim! Und die jungen Männer glitzernde und funkelnde Engel, und die jungen Mädchen seltsame Wesen von seraphischem Leben und Gebaren. Die auf der Straße spielenden und tollenden Knaben und Mädchen waren sich bewegende Edelsteine. Ich wusste nichts davon, dass sie geboren waren und einmal sterben würden. Alle Dinge verharrten ewiglich so, wie sie waren, in ihren bestimmten Ordnungen. Die Ewigkeit strahlte durch das Licht des Tages, und etwas unendliches zeigte sich mir hinter jedem Dinge, redete mit meiner Erwartung, erregte meine Begehren. Die Stadt schien im Garten Eden zu stehen oder musste im Himmel erbaut worden sein. Die Straßen waren mein, der Tempel und die Menschen waren mein, ihre Kleider, ihr Gold und Silber waren mein gleich wie ihre strahlenden Augen, ihre lichte Haut, ihre frischen Antlitze. So war der Himmel mein, so Sonne, Mond und Sterne, und so war mein die ganze Welt. Und ich selbst war ihr einziger Zuschauer und Genießer. Kleinliche Besitzansprüche kannte ich nicht, kannte nicht Grenzen noch Trennungen, denn alles Abgeteilte und alles Besitztum war mein, so auch die alle Schätze mitsamt ihren Eigentümern. – Bis ich durch viele Umtriebe verdorben wurde und die niedrigen Anschläge dieser Welt kennenlernte. Welche ich nun verlerne und gleichsam wieder zum kleinen Kind werde, auf das ich in das Reich Gottes gelangen möge. (...)

Es gehört zum Adel der Menschenseele, dass der Mensch unersättlich ist, denn er hat einen so sehr zum Geben geneigten Wohltäter, dass Er sich sogar an unserem Begehren ergötzt. Sagen dir nicht deine Neigungen, dass die Welt dir gehört? Gelüstet es dich nicht nach allem, möchtest du es nicht haben, genießen, überwältigen? Wozu tragen Menschen Schätze zusammen, wenn nicht, um sie weiter zu vermehren? (...)

Deine Freude an der Welt ist solange nicht die Rechte, als du sie nicht so achtest, dass alles darin noch mehr dein Schatz ist, als esfür einen König das Schatzamt voll Gold und Silber ist. Und dieser Schatz ist auch an seinem Ort und in seinem Amt der deine. Kannst du je aus deines Vaters Werken zu viel Freude schöpfen? Er ist in jedem Ding Er selbst. Manche Dinge sind äußerlich unbedeutend und grob und gewöhnlich. Aber ich erinnere mich der Zeit, als für mein kindlich Auge der Staub auf den Straßen so kostbar war wie Gold, und heute sind solche Dinge dem Auge der Vernunft noch kostbarer. (...) Deine Freude an der Welt ist solange nicht die rechte, bis du nicht jeden Morgen im Himmel aufwachst: dich im Palast deines Vaters erlebst, auf die Erde und die Firmamente und den Luftraum als himmlische Freuden schaust, und das mit einer so ehrwürdigen Hochschätzung all dessen, als wärst du unter Engeln (...)

Niemals erfreust du dich der Welt richtig, solange nicht das Meer selbst in deinen Adern fließt und du mit den Himmeln bekleidet bist und mit den Sternen gekrönt und dich selbst als einzigen Erben der ganzen Welt wahrnimmst, und mehr denn dies, denn es sind Menschen darin, von denen jeder alleiniger Erbe ist, so wie auch du ...«[93]

AUS DEM LIEDERBUCH DER SEELE

Im Morgennebel, unsich'ren Schritts,
betrat ich das geheimnisvolle, wunderbare Ufer.
Das Morgenrot stritt mit den letzten Sternen,
Noch schwebten Träume, und gehüllt in Träume –
Meine Seele, zu unbekannten Göttern betend.

Am kalten, weißen Tage, allein auf meinem Wege,
Zieh' ich wie einst durch fremdes Land.
Der Nebel hat sich aufgelöst, klar seh' ich nun,
Wie steil der Pfad am Berg, und wie so weit,
So weit, was mir im Traum erschienen.

Doch wandern will ich immerfort bis Mitternacht,
Festen Schritt's die Ufer meiner Sehnsucht suchend,
Dorthin, wo auf Bergeshöhen, unter neuen Sternen,
Ganz entflammt im Brand der Siegesfeuer,
Mein verheiß'ner Tempel wartend mich empfängt.

Wladimir Solowjew[94]

Das Seelchen

Ich lag im Gras auf einer Alp,
In sel'ge Bläuen starrt ich auf –
Mir war als ob auf meiner Brust
Mich etwas sacht betastete.
Ich blickte schräg. Ein Falter saß
Auf meinem grauen Wanderrock.
Mein Seelchen war's, das flugbereit,
Die Schwingen öffnend, zitterte.
Wie sind die Schwingen ihm gefärbt?
Sie leuchten blank, betupft mit Blut.

Conrad Ferdinand Meyer

Abdankung

Nimm mich, o ewige Nacht, an Sohnes statt
In deine Arme: Ein König bin ich,
Hab aus freien Stücken meinen Thron
Der Träume und der Mattigkeit verlassen.

Mein Schwert, zu schwer für diese müden Arme,
Legt ich in starke, ruhige Hände,
Mein Zepter und die Krone ließ ich beide
Zerbrochen im Vorsaal schon zurück.

Meines Kettenhemdes nutzlose Last,
Meine Sporen und ihr eitles Klingen,
Blieben auf der kalten Treppe liegen.

Entblößt vom Königtum, von Leib und Seele frei
Kehr ich nun heim zur alten, stillen Nacht,
Gleich wie die Landschaft, wenn der Tag vergeht.

Fernando Pessoa

Inneres Gericht

Als ein strenger Richter und Hinrichter,
Vieler süßer Hoffnungen Vernichter,
Mag auch ihre ganze Sippschaft weinen,
Musst du einmal in dir selbst erscheinen,
Wenn du noch gewinnen willst den Frieden,
Bevor der Tod den seinen dir beschieden.
Als der Gedanke ist der Geist das Licht,
Wärme ist im Herzen er als Liebe;
Was nicht sein, verfalle dem Gericht,
Lust und Schmerz – es sterbe und zerstiebe!

Nikolaus Lenau

Zweiter Schöpfer

Was giltst du mir – Sonne, die verdorrt?
Ich schaffe die blauende Quelle aus den Tiefen in mir!

Schnee ohne Licht – was gilt's?
Ich schaffe die glühende Esse in meinem Herzen!

Was giltst du mir – menschliche Liebe?
Ich schaffe der Liebe Ewigkeit in meiner Seele!

Juan Ramón Jiménez

Das Ich

Die Nacht war Geduld
Ein einziger langer
Ton der Geduld

Das Ich dünkte sich
Hirte und Hund und
Wandernde Herde zugleich

Ernst Meister

Wegbeschreibung

Ein jeder Weg führt hin zu allen Orten.
Ein jeder Punkt ist Zentrum des Unendlichen.
Mithin ist alles, was immer für Leib oder Geist
Die Kunst, zu gehen oder zu bleiben sei,
Statisch und tot. Die Illusion allein besitzt
Ein Gestern und Morgen; sie ist unser Irrweg.
Es gibt keine Straße außer der Empfindung,
Und nirgends wandern wir, als in uns selbst.

Uns selbst soll nur eines als Wahrheit gelten:
Die Illusion als Wirklichkeit zu bejahen,
Ohne an ihr Wirklichsein wirklich zu glauben.
Und, als ewige Wanderer, nur ein Ideal
Je zu besitzen: Niemals rasten in unserem Selbst,
Nur so gelingt uns die Reise über das Nichts hin,
Ewiglich andere und doch immer wir selbst,
Sind wir Reise und Wanderer und Straße zugleich.

Was zählt schon, dass diese Wahrheit unserer Seele
Auch nur Lüge ist; dass nichts die Empfindung ist;
Und dass diese stille Gewissheit, dass nichts ist,
Weder in uns noch außer uns, nutzlos
Unserer Unbeständigkeit Dauer verleiht?
Sie will gewagt sein, die absurde, sinnlose Fahrt,
Denn nur das Bewusstsein ist Wahrheit, weil
Es selbst nicht mehr als ein Trugbild ist!

Fernando Pessoa

Du Geist, der mich verließ, den ich gewinne,
Der tausendfältig meines Werkes harrt:
Erkämpf mich bis zum letzten meiner Sinne,
Auf einem andern Stern beginn, o Fahrt!
Ich bin von neuem in die Welt geboren,
Die meinem Leid und meinen Freuden quillt.
Was ich besaß, das hab ich nicht verloren,
Nur größer und nur klarer ward mein Bild.
Ich sah den Bruder, wenn ich die Erscheinung
Des eignen Herzens mich verklären sah;
Doch bin ich mehr als Sehnsucht und Beweinung:
Ich bin Verheißung! Ich bin ewig da!

Walter Hasenclever

Und manchmal geschieht es, dass ruht
Deine Seele im Sturme des Lebens;
Eine Hand berührt leis' deine Schulter
Und es blickt Einer klar dir ins Auge.

Und sogleich entschwindet der Alltag
In den dunklen und grundlosen Schlund –
Aufwölbt sich dann langsam darüber
Gleich dem farbigen Bogen, die Stille.

Und eine Weise, verhalten und jung,
Weckt in der verborgenen Stille zart
Die im Leben entschlummerten Saiten:
Die Harfe der Seele zu eigenstem Klang

Aleksandr Blok

Flammen

Stille! Du …
leuchte mich leer.
Mit brennendem Schuh
tanzt die Sonne ins Meer.

Bald bin ich blind
und fühle im Wind
die Welle nicht mehr.

Ich träume den Traum –
und der Tau fällt hin
über Land und Baum
Ich aber bin

wie das Licht,
denn ich finde mich nicht
mehr darin.

Hermann Kükelhaus

Doppelheimweh

Zwiefaches Heimweh hält das Herz befangen,
Wenn wir am Rand des steilen Abgrunds stehn
Und in die Grabesnacht hinuntersehn,
Mit trüben, todeshohlen Wangen.

Das Erdenheimweh lässt uns trauern, bangen,
Dass Lust und Leid der Erde muss vergehn;
Das Himmelsheimweh fühlt's herüberwehn
Wie Morgenluft, dass wir uns fortverlangen.

Dies Doppelheimweh tönt im Lied der Schwäne,
Zusammenfließt in unsre letzte Träne
Ein leichtes Meiden und ein schweres Scheiden.

Vielleicht ist unser unerforschtes Ich
Vor scharfen Augen nur ein dunkler Strich,
In dem sich wunderbar zwei Welten scheiden.

Nikolaus Lenau

Das Auge der Ewigkeit

Du wirst keine anderen Götter haben außer mir.

Und über der verschneiten Erde strahlt all-eins
ein Stern allein,
Und zieht auf Ätherbahnen in die Ferne
zu sich hinaus,

Mit einem stillen Blick – halt ein, warum …?
die Wunder all
und das geheimnisvolle Meer des Lebens
und die Himmel auch.

Und dieser Blick, er ist so nah und klar.,
schau nur hinein,
und du wirst selbst – Unendlichkeit und Schöne –
ein König sein im All.

Wladimir Solowjew

Ewige Antwort

Nachtscharen, die an meine Schläfe tasten,
Sie können eben nicht mein Herz belasten,
Das – Ampel in kristallner Kathedrale –
Endlosen Strahl tauscht mit endlosem Strahle.

Tonwellen fangen lösend an zu schwingen.
Nichts rettet sich vor solchem Sphärensingen.
Der Dom schmilzt, – alles nur ein gläsern Meer.
Vollkommnes Schweigen lauscht. Nun redet ER.

Karl Thylmann

Ich schaue in die Finsternis:
In ihr ersteht Licht,
Lebendes Licht.
Wer ist dies Licht in der Finsternis?
Ich bin es selbst in meiner Wirklichkeit.
Diese Wirklichkeit des Ich
Tritt nicht ein in mein Erdendasein.
Ich bin nur Bild davon.
Ich werde es aber wiederfinden,
Wenn ich,
Guten Willens für den Geist,
Durch des Todes Pforte gegangen.

Rudolf Steiner

Berufen
es zu ertragen,
ausgesondert
es zu prüfen,
erwählt
es zu leiden,
frei
es zu verneinen,
sah ich,
einen Augenblick,
das Segel
im Sonnensturm
allein
auf dem Wellenkamm,
ferne,
seewärts vom Land.

Einen Augenblick
Sah ich …

Dag Hammarskjöld

Lebens-Alpenfahrt

Stets wandeln wir dem Abgrund dicht,
Wo Tief und Dunkel schrecken,
Aus dem ein Tod und letzt' Gericht
Die Drachenhälse recken!

Wir wandeln, ahnen nicht Gefahr,
So sorglos hin wie Kinder.
Da strauchelst du und gleitest gar
Und gleitest ab geschwinder!

Jetzt gilt's! Ist keine Latsche da,
An der du dich kannst halten?
Umfassen nicht, dem Sturze nah,
Dich rettende Gestalten?

Humor, so heißt die Latsche schlicht,
Gleich Göttern hochgeboren –
Erhaschst du sie im Gleiten nicht,
Dann, Freund, bist du verloren!

Carl Spitzweg

ANMERKUNGEN

Die Titel von Werken, welche einen Hinweis auf ihren Wert als Ergänzung oder Vertiefung dieses Buches verdienen, sind in Fettdruck angeführt.

1 Hermann Diels, Die Fragmente der Vorsokratiker, Hamburg 1957, S. 26 (Fragment Nr. 45)
2 Ovid, Metamorphosen, 3, 41 ff.
3 Carl Gustav Carus, **Die Lebenskunst nach den Inschriften des Tempels zu Delphi**, Stuttgart, 1968
4 Maximen und Reflexionen, 356
5 Wilhelm Meisters Wanderjahre; 2. Buch, 1. Kapitel
6 Gottfried Keller, Abendlied
7 Proemion, 3. Strophe
8 Blütenstaub, 18
9 Wladimir Solowjew, Gesamtausgabe, Freiburg 1953, S. 103ff.
10 Wagen
11 Bauer
12 arme
13 In: Hans Erich Nossack, Die schwache Position der Literatur, Frankfurt/M. 1966
14 Nossack, a. a. O., S. 174
15 Wladimir Solowjew, a.a.O., Bd. VI, Freiburg 1965, S. 58
16 Fichte, Die Anweisung zum seligen Leben, Zehnte Vorlesung.
17 Carl Gustav Carus, Psyche, Stuttgart 1941, S. 1
18 Meistererzählungen das Machado de Assis, Hamburg 1964.
19 Martin Buber, **Der Weg des Menschen nach der Chassidischen Lehre**, Kap. IV
20 Karl Philipp Moritz, Werke, 3 Bd., Hg. von Horst Günther, Frankf./M. 1981, S. 117 f.
21 Gnothi sauton, griechisch für: Erkenne dich selbst.
22 Moritz, Werke, 3. Bd., S. 210
23 Moritz, Werke, 3. Bd., S. 256 f.
24 Nach: H. H. Schöffler, Der Kampf um das Menschenbild, Dornach 1986, S. 83
25 Jamblichos, Leben des Pythagoras, XVII/77
26 Hendrik Steffens, Was ich erlebte, München 1956, S. 58

27 5. Enneade, 7. Buch, Abschn. 1.
28 Fichte, Über die Würde des Menschen, 1794
29 Im elften der **Briefe über die Ästhetische Erziehung des Menschen**
30 Philosophische Briefe über Dogmatismus und Kritizismus, 8.Brief
31 Schleiermacher: Monologen, Kap. V
32 Am Ende der Prokurator-Novelle in den »Unterhaltungen deutscher Ausgewanderter«
33 Hegel, Philosophie des Rechtes (1820), Aus §4, Zusatz
34 Schlussworte von Fichtes **Bestimmung des Menschen**
35 Fichte, Über den Begriff der Wissenschaftslehre, §7
36 Steffens, a.a.O., S. 70
37 Der Terminus »Person« und sein Verhältnis zum »Ich« wird in der philosophischen Anthropologie sehr verschieden verstanden; vgl. hierzu: Person, Philosophische Texte von der Antike bis zur gegenwart, Hg. von Martin Brasser, Stuttgart 1999
38 Die Abbildung auf Seite 70 ist eine vom Verfasser frei gestaltete Wiedergabe dieses Bildwerks.
39 Der Messias, Stuttgart 1971, S. 17
40 Die vier Denkmodelle des Abendlandes, Stuttgart 1976, S. 35 ff.
41 Das Ich und die Gesellschaft, Stuttgart 1974, S. 319 ff.
42 Sprüche in Prosa, Stuttgart 1967, Nr. 165
43 Aus dem Gedicht »Vermächtnis«
44 Sprüche in Prosa, Nr. 4
45 Anselm von Feuerbach, Kaspar Hauser. Beispiel eines Verbrechens am Seelenleben des Menschen; Kap. V
46 Rudolf Steiner, Die Schwelle der geistigen Welt, Kap. 1
47 Goethe, Sprichwörtliches
48 Agatha Christie, Nikotin, III, 9; und: Dreizehn bei Tisch, Kap. 14
49 In der Vorrede zum »Zarathustra«
50 Ryunosuke Akutagawa: Rashomon. Ausgewählte Kurzprosa. Dt. von Jürgen Berndt, Berlin 1981.
51 Max Stirner, Der Einzige und sein Eigentum, Leipzig, 1892
52 5. Enneade, 7. Buch, 1. Abschnitt
53 Rudolf Steiner, Methodische Grundlagen der Anthroposophie, Dornach 1961, S. 430ff.
54 Wilhelm Jordans Nibelunge, 10. Gesang; Frankfurt/M. 1880, S. 245
55 Rudolf Stibill, Atemwaage, Graz 1995
56 Diether Lauenstein, Das Ich und die Gesellschaft, Stuttgart 1974. Die religiösen Perspektiven dieses Gedankens sind ausgeführt in: Diether Lauenstein, **Der Lebenslauf und seine Gesetze**, Stuttgart 1976

57 Bernhard Kallert, Die Erkenntnistheorie Rudolf Steiners, Stuttgart 1960, S. 77.

58 Den Begriff ›Selbstentwicklung‹ gebrauche ich in dem von Wolf-Ulrich Klünker geprägten Sinne: Vgl. dessen Arbeit: **Selbsterkenntnis und Selbstentwicklung. Zur Psychotherapeutischen Dimension der Anthroposophie**, Stuttgart 1997.

59 Vgl. z. B.: Rudolf Steiner, **Die Praktische Ausbildung des Denkens**, Drei Vorträge, Stuttgart 1998.

60 Ernst von Feuchtersleben, **Zur Diätetik der Seele**, Stuttgart 1980.

61 Siehe hierzu auch: Rudolf Steiner, **Nervosität und Ichheit**, Dornach 1994. Zur Frage der praktischen Denkübungen und der Bekämpfung der ›Nervosität‹ siehe ferner: Rudy Vandercruysse, **Die Therapeutische Dimension des Denkens. Anthroposophische Aspekte zur Psychoanalyse**, Stuttgart 1999.

62 Das Morgenstern-Gedicht stammt aus: **Wir fanden einen Pfad;** es fasst die auf die Upanishaden zurückgehenden und u.a. von Rudolf Steiner beschriebenen ›Sechs Nebenübungen‹ des geistigen Schulungsweges zusammen. An dieser Stelle ist auf eine Darstellung Rudolf Steiners zu verweisen, welche den diätetischen Ansatz in das Gebiet der geistigen Schulung hinein weiterführt: **Pfade der Seelenerlebnisse**, und: **Metamorphosen des Seelenlebens,** beide Dornach 1984.

63 Martin Buber, Die Erzählungen der Chassidim, Zürich 1949, S. 477

64 Richard Wagner, Parsifal, 3. Aufzug

65 Fernando Pessoa, Obra poética e em prosa, vol. I. S. 234

66 Carl Unger, Schriften, Bd. 1, Stuttgart 1964, S. 140 u. 165

67 Augustinus, Sermones 169,13

68 Marcus Herz, Etwas Psychologisch-Medizinisches. Moritz' Krankengeschichte, in: Journal der practischen Arzneykunde und Wundarzneykunst, Hrsg. von C. W. Hufeland, Bd. 5, 2. Stück, Jena 1798, S. 259-339. Zitiert nach und mit den Kommentaren von: Albert Meier: Karl Philipp Moritz, Stuttgart 2000, S. 43

69 Martin Buber, Die Erzählungen der Chassidim, Zürich 1949, S. 544

70 Dieser aus dem Sanskrit stammende Ausdruck bedeutet soviel wie ›Wunschnatur‹.

71 In: Mabel Collins, **Light on the Path/Licht auf dem Weg**, Basel 2000, S.74

72 Über das Wesen der menschlichen Freiheit, Stuttgart 1964, S. 121

73 Aus der »Göttlichen Komödie« wird im folgenden nach der Übersetzung von W. von Wartburg zitiert

74 Dante; Vita Nova, dt. v. Karl Federn, Frankfurt/M. 1964

75 Johann Wilhelm Ritter, Aus dem Nachlass eines jungen Physikers, Stuttgart 1968
76 J.G. Rosa, Primeiras Estórias, in: Ficção Completa Bd. II, Rio de Janeiro 1994
77 In den Paralipomena zu »Heinrich von Ofterdingen«
78 So lautet auch der Titel des kleinen Sammelbandes, in dem Franck die Geschichte veröffentlichte; München 1933ff.
79 Jung-Stillings Lebensgeschichte von ihm selbst erzählt, Berlin 1958, S.213
80 Acht psychologische Vorträge, Jena 1869
81 Diogenes Laertius, Leben und Meinungen berühmter Philosophen (X,125), Hamburg 1967
82 Aus der Kollegnachschrift: Über den Glauben an die ewige Fortdauer; siehe: J. G. Fichte, Gesamtausgabe, Kollegnachschriften, Bd. 1, Stuttgart 1977; und: J. Fichte, Gedanken über Gott und die Unsterblichkeit, Vaduz 1981
83 Diether Lauenstein, Das Ich und die Gesellschaft, Stuttgart 1974, S.311
84 C. G. Carus, Psyche, Stuttgart 1941, S. 117
85 Vgl. Annemarie Schimmel, Al-Halladsch. Märtyrer der Gottesliebe, Köln 1968, S. 11 ff.
86 João Guimarães Rosa, Grande Sertão, dt. v. C. Meyer-Clason, Köln 1965, S. 57
87 Grundlage der gesamten Wissenschaftslehre, 11. Lehrsatz
88 Aus dem Fragment »Hyperions Jugend«
89 Hyperion, 2. Buch im 2. Band
90 Ein Zitat unbekannter Herkunft wiedergebende Notiz R. Steiners. In: Wahrspruchworte, Richtspruchworte, Dornach [3]1981, S. 104.
91 Das Goetheanum, Beilage zu Nr. 17, 20.7.1997
92 Die vier Denkmodelle des Abendlandes, Stuttgart 1976, S. 37
93 Gerhard Döring u. Ernst Lehrs, Das verlorene Paradies. Die Visionen des Thomas Traherne, Stuttgart 1996, S. 28 f.; 119 u. 123.
94 Übersetzung der Gedichte aus dem Russischen, Portugiesischen und Spanischen vom Verfasser.